自分の時期も
買い支えよう
中谷彰宏

あきひろ

この本は、
3人のために
書きました。

---

❶ 何に投資したらいいか、わからない人。

❷ 自己投資しているのに、リターンが
ないと焦っている人。

❸ 今以上に人生を楽しみたい人。

01

はじめに
自己投資と感じないのが、自己投資だ。

「私はけっこう自己投資をしています」と言う人がいます。

その人は自己投資をしていない人です。

「そんなに自己投資なんかしていない」と言う人のほうが、自己投資をしています。

「私はけっこう自己投資をしています」と言う人は、「こんなにしているのに」と、すでに焦《あせ》っています。

自分の価値軸に従って自己投資をしている人は、リターンを焦っていません。

自己投資をしている感覚がないのです。

「私はこんなに自己投資をしているのに」と思っているのは、自分の中でムリとガマンがあります。

自己投資は、ガマンしながらすることではありません。
「自己投資している感」すらないのが、本当の自己投資なのです。

このままでは
終わらせない具体例

01

投資と感じない、自己投資をしよう。

□このままでは終わらせない63の具体例

01 □投資と感じない、自己投資をしよう。
02 □投資をすることで、軸が決まる。
03 □アルバイトで時間を売らない。
04 □トレーニング代に、かける。
05 □体験を、買おう。
06 □ムダづかいに、かける。
07 □お金は、出ていくのではなく、使う。
08 □「返ってこなくてもいい」と考える。
09 □使うのではなく、まわす。
10 □値切らない。
11 □値段が下がるのを、待たない。

12 □値段を見ないで、買う。
13 □経費に頼らない。
14 □超過分に、かける。
15 □メンテ代に、かける。
16 □健康に、かける。
17 □月謝を、1年分、前払いする。
18 □クリーニング代に、かける。
19 □お金を払って、仕事をしよう。
20 □交通費に、かける。
21 □メンタル代に、かける。
22 □車代に、かける。
23 □ホテル代に、かける。
24 □服に、かける。

38 □靴に、かける。
39 □観光客より、常連になる。
40 □税金に、かける。
41 □家賃に、かける。
42 □紹介代に、かける。
43 □安くなっても、持ち続ける。
44 □赤字になる仕事を、引き受ける。
45 □儲けを、先送りする。
46 □回収を、焦らない。
47 □「相手から、すぐ、自分の望む形で」求めない。
48 □リターンまでが長いものに、かける。
49 □何を投資の成果とするかを、決める。
50 □社員に、かける。

51 □自分に賭ける。
52 □タダと思われているものに、かける。
53 □姿勢代に、かける。
54 □投資の仕方を、お金を使って学ぶ。
55 □お金がないころから、かける。
56 □投資の仕方を、学ぼう。
57 □待ち時間を、買おう。
58 □今しかできないことに、かける。
59 □チャンスに、かける。
60 □失敗代に、かける。
61 □明日に、かける。
62 □1つずつ試すより、10種まとめて試す。
63 □時間を、買う。

ファーストクラスに乗る人の自己投資　目次

第1章 投資をすると、人生のテーマが見えてくる。

第2章

目先の得より、将来の自分に投資しよう。

第3章 高い料金には高いだけの価値がある。

第4章 値崩れしない自分の基盤をつくろう。

第5章
つながる人は、投資の仕方で変わる。

第6章

リターンは楽しみに、ゆっくり待とう。

第7章 お金をかけたからこそ、得られるチャンスがある。

ファーストクラスに乗る人の自己投資

このままでは終わらせない63の具体例

第1章

投資をすると、人生のテーマが見えてくる。

02

投資とは、使わないモノを決めて使うモノに集中することだ。

「中谷さんは何に投資をしているのですか」と訊《き》かれました。

自分では特に何もしていないと感じています。

そこで、今までの人生の中で自分がかけてきたものを、客観的に振り返ってみることにしました。

大学時代、まだ親からの仕送りで生活している時にお金をかけていたことは、はっきり決まっています。

映画代と本代です。

映画は、映画館で月１００本観ていました。

当時はレンタルビデオがない時代です。

本は、1時限の授業の間に10冊読んでいました。
早稲田の授業は1コマ90分です。
机の上に本を10冊置いて、本を読みながら先生の授業を聞いていました。
本に線を引いて、授業のノートもとっているのです。
3万円の写真集も全40巻の全集も、平気で買っていました。
そこになんら迷いはありません。
仕送りには限界が来ます。
そこで私は、衣食住の「衣」を極力切り詰めました。
よかったことは、慶応と違って、早稲田は服がいらないのです。
大富豪の子息・令嬢でも、夏服と冬服の2着しかありません。
高級なディスカウントショップが、早稲田では「ブランド店」と呼ばれていました。
「食」も削りました。
自炊をすると、食費は圧倒的に浮きます。
早稲田は学生街なので、学生向けの食堂がたくさんあります。

それよりも、自分でつくったほうが安いのです。

大学に行った時は安い学食を食べていました。

たまに行く中華料理店は豪華な外食でした。

吉祥寺の中華料理店に入る時に、頭の中では「400円の焼そばにしよう」と決めています。

店に入ると、入口のところで焼肉定食を食べている客がいます。

それを見て、「焼そば」の「や」から「焼肉定食」に変わります。

焼肉定食は500円なので、100円の贅沢《ぜいたく》です。

3万円の写真集は平気で買うのに、100円贅沢しただけで「いたく贅沢したな」と、クヨクヨしていたのです。

もう1軒の中華料理屋さんでは、一番高いメニューが650円の天津丼です。

それを食べるのは、とんでもないお祝いがあった時だけです。

「住」は、私にとって本を置く場所です。

映画館と学校への移動時間も重要です。

映画を月100本観ようとすると、1日3本です。
文学部は出席が厳しいので、授業にはちゃんと出ていました。
移動時間を短縮するために、「住」にはお金をかけていたのです。
投資とは落差をつけることです。
私の場合は、映画と本に集中して、食べ物と衣装はあとまわしでした。
使わないモノを決めて、使うモノに集中するのです。
全部を使わないとか、全部を使うということではありません。
削らないで何かを足すことは、現実的にムリです。
これをすることで、私の軸が決まりました。
私は、本代と映画代には「使っている感」は何もありません。
「本はけっこう買っています」と言う人は、まだ本を買うことに抵抗があるのです。
私の本のカウントの仕方は「袋いっぱい」です。
授業中に読む本は吉祥寺の古本屋さんで買っていました。
「袋いっぱい」は、それ以上は持てないからです。

読む量ではなく、持てる量だけ持って行くのです。
それを1コマ90分の授業の間に読み切ることが、自分へのノルマです。
私はいつも古本屋さんの1冊100円コーナーで、袋いっぱい買って帰りました。
「お金がないから投資できない」ということは、ないのです。

このままでは終わらせない具体例

02

投資をすることで、軸が決まる。

03 自分から時間を買おう。

私は予備校時代に、恩師の奥井潔《きよし》先生から「君たちがこれから大学に入ったら、アルバイトをしてはいけない」と教わりました。

「諸君の田舎の親御さんは、アルバイトをさせるために東京に君たちを送ったのではない。勉強するために送っているんだ。アルバイトをして親御さんが喜ぶか。親のすねの太さをはかり、巧妙に搾《しぼ》り取って勉学に励《はげ》むべし」と。

私はそれを守って、大学時代にアルバイトはいっさいしませんでした。

ある時、「アメリカ一周・23日間」というパンフレットを見つけました。

当時は1ドル＝265円です。エコノミークラスでも150万円かかります。

アルバイトをしない私は、本代と映画代で月々の仕送りはギリギリでした。

そこで私は、給料の前借りならぬ、仕送りの前借りをしました。

親に「そのかわり、このあとの30カ月、月々5万円ずつ仕送りを減らしてもらっていい」と言ったのです。これは合理的な交渉です。

仕送りは一瞬減りましたが、途中からうやむやになりました。

交渉に使う手口も、奥井先生の「巧妙に搾り取ること」という言葉を忠実に守りました。

親に送る手紙はチラシの裏です。封筒も、チラシをのりで貼り合わせたものです。「ここまで切り詰めている」というアピールプレーをしたのです。

アルバイトをしないことは、アルバイトをしている自分から、時間を買うという投資なのです。

このままでは終わらせない具体例

03 アルバイトで時間を売らない。

04 体に貯金したものは、なくならない。

手元に何千冊、何万冊の本を持っていても、読んで頭に入れていなければ意味がありません。

社長室にはよくガラスケースの中に蔵書が置いてあります。

本棚のガラスの扉は使いにくいです。

その本棚は、人に見せるためのインテリアです。

本や辞書は箱に入ったままです。

たしかに、箱に入った本のほうがインテリアとしてはきれいです。

ただし、「この人は読んでいないな」というのがわかります。

読む時には、箱は邪魔だからです。

私は子どもの時、父親に「戦争が起きても、社会主義になっても奪われないものは、頭に入れたものだ」と言われました。

これが、体に入れるということです。

トレーニングが大切なのです。

ファーストクラスに乗る人は、みんな自分の体に入れるために習いごとをします。

習いごとにかける投資とは、外部にあるものを自分の内側に入れることです。

貯金箱・タンス預金・銀行・貸金庫でなく、自分の中に入れると、他者が奪えないのです。

カギも、暗証番号も必要ありません。

体に入れたものは、自分しか使えないのです。

このままでは終わらせない具体例

04

トレーニング代に、かける。

05 体験は、値崩れしない。

現金で持っていると、値崩れします。

時には紙切れになります。

体験は、時代や外部環境がどう変わろうが、値崩れしません。

プラスになることはあっても、マイナスになることはないのです。

私にとって、大学時代の海外旅行は大きな意味がありました。

社会人になってからの海外旅行とは、場所は同じでも、やっぱり違うのです。

同じ体験を20歳でするか、30歳でするか、40歳でするかで、そのあとの人生は大きく変わります。

早くから体験に投資をするのです。

アメリカ一周旅行で、私は初めてディズニーランドに行きました。

オプショナルツアーの中に、ディズニーランドとユニバーサルスタジオが入っていたのです。


翌年、浦安で東京ディズニーランドが開園しました。

「もう1年待てば日本で行けたのに」という考え方もあります。

東京ディズニーランドが開園していたら、私の初めてのディズニーランドは東京ディズニーランドになっていました。

日本にディズニーランドがなかったから、アメリカのアナハイムのディズニーランドに行けたのです。

アトラクションは、アメリカでも日本でも、ほぼ同じです。

「夢の国にいる」という体験は、まわりがすべて外国人だからできることです。

日本にディズニーランドがあったら、私はたぶん友達と行っていました。

まわりはすべて日本人です。

アメリカ旅行で、1人で参加しているのとはまったく違います。

ツアーでは、知らない人たちと一緒になります。

大学生が数人いましたが、あとはＯＬさんとかです。

ツアー自体は日本人のツアーですが、現地ではまわりは外国人だらけです。

ニューヨークに行くと、「イエローピープル」と言っているのが聞こえました。

そういうことがあることは本で知識としては知っていても、実際の体験とはまた別です。

この体験を得たあと、人生の流れは大きく変わってくるのです。

このままでは終わらせない具体例

05

体験を、買おう。

06

意味がわからない好きなものにかけることで、ワンステップ上がれる。

「そんなことをして何になるの？」とまわりに言われるような、意味のわからないことをするのが投資です。

いわゆるマイブームです。

マイブームは大体、まわりに理解されずに笑われます。

時には怒られます。

これは、ひと言で言うと「ムダづかい」です。

ところが、本人はムダづかいとは思っていません。

ムダづかいかどうかは、自分が決めることです。

ふだん、仕事は合理的にするので、意味がわかるし、つじつまが合うし、損をしません。

そうやって効率的に稼いだお金を、今度は意味のわからないことに使うことによって、その人はワンステップ上がれるのです。

私の友達である企業の社長はコツコツ稼いで、長者番付に載るぐらい成功しています。

その友達に「長者番付に載ったらモテると思ったんだけど、モテないんです」と言われて、私は「アメリカのお金持ちはモテるんですよ。日本の女性は長者番付をあまり見ていないからよくわからないんですよ」という話をしました。

その後、その友達に好きな女性ができました。

私は、「それはいいですね。どんどん行ってください。なんでも相談に乗りますから。彼女と会う時は、僕と会っていることにしてください」と言いました。

友達が彼女に注ぐお金は、ふだん切り詰めて効率よく仕事をしている人とは思えないほど、ダダ漏れです。

これでいいのです。

そうすることで、人としての幅ができて、もうワンステップ上がれます。

効率×効率では、そこでとまります。

効率×ダダ漏れで、上へ上がれるのです。

このダダ漏れのムダづかいを「投資」と言います。

これこそが、ダダ漏れ弁証法なのです。

このままでは
終わらせない具体例

06

ムダづかいに、かける。

07 お金が出ていくのが、消費。お金を使うのが、投資。

「消費」と「投資」とは違います。

「お金を使って短い文章をつくってください」と言うと、投資ができない人は「今日もお金が出ていった」という文章をつくります。

サラ・ブライトマンのコンサートを1万5000円で見に行くと、「1万5000円が出ていった」と、投資ができない人は言います。

これは消費です。

投資をする人は、「サラ・ブライトマンで1万5000円使ったけど、値打ちがあった」と言います。

「使う」と言うと、うしろにポジティブな発見が何かあるのです。

「出ていく」に関しては、グチしか残りません。

「彼女をごちそうに連れて行って、お金が出ていった」と言われたら、イヤです。

「今日はごちそうさま」と言った時に、「いや、結構出ていったけど大丈夫」と言われると、申しわけない感じがします。

消費的な行為と投資的な行為があるのではありません。

「お金を出す」という行為は同じでも、使う側の意識が違うのです。

包丁やパソコンは「使う」と言います。

お金も「使うもの」であって、「出ていくもの」や「奪われるもの」ではないのです。

このままでは終わらせない具体例

07

お金は、出ていくのではなく、使う。

08 投資は、なくなってもいいお金。財布は、その日に要るお金。貯金は、動かせるお金。

投資できない人に、投資の定義を聞くと、「リターンのあるお金」と言います。

それは違います。

投資とは、「なくなってもいいお金」です。そうでないと投資できません。

この本を読んだ読者から、「中谷さんの本を読んで投資したんですけど、返ってこないんですけど」と、編集部に文句の電話がかかってくるとします。

これは、株で損をした人が証券会社に石を投げるのと同じなのです。

財布とは、「その日に要るお金」です。

とっておくお金ではありません。

割勘《わりかん》は、自分も支払うものです。
割勘の時に寝たフリをしたり、トイレに行かないことです。
貯金とは、「動かせるお金」です。
「それは貯金だから動かせません」と言う人は、貯金の解釈を間違えています。
中には、貯金を残したまま自己破産する人がいます。
貯金を崩したくないから、サラ金で借り始めるのです。
高利で借りてしまうと、払いきれなくなって破産します。
結果、貯金が残っている状態になります。もちろん、その貯金は凍結されます。
投資をする時は、「このお金はもう返ってこなくてもいい」と開き直ればいいのです。

このままでは終わらせない具体例

08

「返ってこなくてもいい」と考える。

09
投資する→成長する→稼ぐ→投資する。

投資は、「お金を使う」から「お金をまわす」に進化します。

投資ができない人は、一方向なので、「お金が出ていく。さようなら」と考えます。

それでは、お金は二度と戻ってきません。

投資で大切なことは、循環です。

投資することによって自分が成長する→それによって、また稼げるようになる→稼いだお金はまた投資する……と、らせん型でグルグルまわりながら、竜が昇るように循環させせます。

投資とは、お金をまわしていくことなのです。

野球で「まわせ、まわせ」と言っているのと同じです。

野球は、まわすゲームです。

投資ができない人は、「投資はホームランを打つこと」と考えています。

ホームランでも、ベースランニングをしくじってベースを飛ばせばアウトになります。

野球の守備はボールをまわすこと、攻める側はランナーをまわすことです。

野球は、お金の1つの象徴になっているのです。

このままでは終わらせない具体例

09

使うのではなく、まわす。

第2章

目先の得より、将来の自分に投資しよう。

10

値切らないことで、プラスアルファの価値を手に入れる。

「言われた値段で買う」というのも投資です。

「これ、とりあえずダメもとで値切っておこうか」と値切る人は何かを失っています。

値切られた側は、「自分の仕事を評価されていないんだ」と感じるからです。

たとえば、ダンスを習うことにしました。

「レッスン料は1時間○○円です」と言われて、「もうちょっとなんとかなりませんか」と言う人は、先生に何を期待しているのかわかりません。

私は、花岡浩司先生にボールルームダンスを16年習っています。ほかの先生にダンスを習っていた時代からカウントすると、30年になります。

ダンスを習いたい人に、「花岡先生はおいくらですか」と聞かれると、私は「値段はちょっとわからないんだよね。たぶん、◯◯さんが知っているから聞いて」と答えます。レッスン料に詳しい生徒さんがいるからです。

そもそも「値段はいくら？」と聞くのは失礼です。

本を読み終えたあとに、「著者はどんな人かな」「ほかにどんな本が出てるのかな」と考えるのはいいです。

感動している時に、「この本、いくら？」とは言いません。

「サラ・ブライトマンのコンサートに行ってきたんですよ」と話した時に、「やっぱりナマはすごい？」と言うのは、サラ・ブライトマンのコンサートに興味がある人のリアクションです。

そこで、「サラ・ブライトマンは高くないですか。いくらですか」と聞くのは、サラ・ブライトマンのコンサートに興味のない人です。

「サラ・ブライトマンのコンサートに行かない？」と誘われて、「いくらですか」と言う人は、行く気がありません。

値段によって行くかどうかを決める人は、行かなくていいです。

「ディズニーランドが値上げしたから行かない」と言う人は、それほどディズニーランドに興味がないのです。

値切らない人は、結果としてプラスアルファのことをしてもらえます。

家を建てる場合、値切る人に対しては「ちょっと鉄骨の2、3本抜いといてやるか」となるわけです。

中の鉄骨を抜いても、シロウトにはわかりません。

工務店さんに見積もりを出してもらって、「もうちょっとなんとかなりませんか」と言うと、無限になんとでもなります。

安い鋼材を使えばいいだけです。

安いものは無限にあるのです。

このままでは終わらせない具体例

10 値切らない。

11
値段が下がるまで待っていると、状況が変わってしまう。

バーゲンはシーズンの終わりにあります。
バーゲンで買った服は、そのシーズンには着られません。
来年は、また別の流行になっています。
今年の服を着ている人と去年の服を着ている人とは、見ればわかります。
去年の服を着る人は、金額的には得しても、出会いを失うのです。
ここで負のスパイラルが起こります。
投資は、いかに負のスパイラルから正のスパイラルに変わるかということです。
バーゲンがあるのはわかっていても、先に正規料金で買っておきます。
そうすれば、出会いがあるのです。

それを毎年続ける必要はありません。
次の年は彼が買ってくれます。
バーゲン品は去年の流行です。
去年の最も人気がなかった色です。
サイズも若干ズレています。
大きいサイズか小さいサイズしかありません。
小さいサイズは着られないので、大きいサイズを着ることになります。
流行は古い、色は人気がない、サイズはブカブカで、最悪です。
これで出会いがなくなるので、来年、また自分で買わなければならないのです。
負のスパイラルにいる人は、貯金では抜けられません。
貯金ができないからです。
安くてショボい服を買って、さらに出会いがなくなります。
出会いはあっても、ショボい男です。
ショボい男は、稼ぎもセンスも知れています。

頑張ってプレゼントを買ってくれますが、安い店のダサい服です。
着ないと悪いからと思って、それを着ます。
ダサいペアルック服を平気で着ているカップルになるのです。

このままでは
終わらせない具体例

11

値段が下がるのを、待たない。

12

値段を見ないで買うことで、値打ちがわかるようになる。

私が子どもの時、父親によく「なんぼや思う?」という質問をされました。

スーパーのかご1個の値段のことだけではありません。

TVを一緒に見ていても、何か気になるモノが出てくると、「さあ、なんぼ」ということを父親は1人で考えていました。

その習慣は、私にもうつっています。

モノを見た時に、値段がいくらぐらいか、いつも自分の中で考えているのです。

ここで大切なのは、値札を見ないことです。

女性と一緒に買い物に行って、女性が試着している間、こっそり小指の爪の先で値札をかき出してチラッと見ている人がいます。

それを女性に見られたら、恥ずかしいです。

女性はその瞬間、「この人に買ってもらうのは悪いな」と思います。

「貧乏」というより、「貧乏くさい」のです。

「貧乏くさい」は「貧乏」より下です。貧乏は、まだすがすがしいのです。

値札はうまくできています。

「こんな細いシャーペンがあったのか」と思うぐらい、細くて薄くて小さい字で書いてあります。ゼロがいくつか見えないのです。

ブランドショップでは、野菜のように太マジックで「１９８円」と書いているわけではありません。

値札を見ていることはバレやすいのです。

ブランドショップで「こちらの時計はいかがでしょう。これがお似合いだと思いますけど」と言われた時に、自分で値段を見きわめる力をつけておくことが大切です。

女性のプレゼントを一緒に買いに行って、女性が「いいな」と思った時計の値段を尋《たず》ねました。

値段を聞いて、その女性はびっくりしました。

自分が払うわけではありませんが、もう少し安く見ていたのです。

横で見ていた私は、「そんなものだろうな」と思っていました。

ここでびっくりしている女性は、その値打ちがわかっていませんでした。

それを買ってしまうと、値打ちのわからないモノを持つことになります。

私の中では「もう少し高いかな」と思っていたので、それは安い買い物です。

値札にだまされないことが大切です。

それを鍛《きた》えるためには、ふだんから値札を見ないで買うようにします。

クレジットカードのサインをする時に、「思ったより、かかったな」と思うことで学べます。事前に値段を聞いていたら、学べないのです。

このままでは終わらせない具体例 12

値段を見ないで、買う。

13 自腹という言葉は、経費頼みのケチくさい根性の表れだ。

ビジネススクールには、
① 会社の経費で来ている人
② 自分で払って来ている人
の2通りがいます。
自分で払っている人で、「私は自腹で来ていますから」と言う人がいます。
「自腹」という言葉は、最近、新聞などでよく見かけます。
「自腹」は、何かこれ見よがしです。
本人は自腹で何かするのはカッコいいと思っています。
海外旅行のお土産を会社の女性に渡す時も、「これ自腹だよ」と言うのです。

「ハイ、自腹で買ってきた口紅」と言って渡されても、うれしくありません。

その人は、すべてのことが経費でできると思い込んでいるのです。

「自腹」という言葉自体、ケチくさいのです。

「ケチ」は明快です。

「ケチ」と言われて、

「ハイ、ケチでございます」

「ケチのランキングでは、ぶっちぎりトップだよ」

「最近、オレにケチで刃向かおうとしているヤツがいるみたいだけど、思い知らせてやる。それぐらいのケチはケチに入るか」

と言えたら気持ちがいいです。

「ケチ」と言われて怒る人は、ケチくさい人です。

「焼そば」と言おうとして「焼肉定食」と言ってしまったことにクヨクヨしているのは、ケチですが、ケチくさくないのです。

自分でそれを言っているからです。

サラリーマンの金銭感覚が麻痺するのは、中途はんぱな経費があるからです。
経営者は、すべて自分のお金なのです。

このままでは終わらせない具体例

13

経費に頼らない。

14

出張費の超過分を自分で払うことで、勉強できる。

「会社の出張費が1日1万円までなので、それを超えたら経理を通らないんです」と言う人がいます。

超過分を自分で出すことが投資です。

会社で何か言われたら、「超過分の精算は必要ありません。全部自分で払いますから」と言えばいいのです。

会社的には助かります。

「それは困る」とは言いません。

会社は、1万円以下のところに泊まってほしいのではなく、1万円以上は出したくないだけです。

追加分を個人で出す分に関しては、たとえファーストクラスに乗っても、まったく問題ないのです。

私は博報堂にいたころ、ロサンゼルスに行く時はビジネスクラスを利用していました。

会社では禁止です。

ビジネスクラスに乗っていいのは、得意先のアテンドとしてつく場合のみです。

しかも1名までです。

役職がどんなに上でもエコノミーに乗るという決まりごとがあったのです。

それでも私は、全然平気でした。

ロサンゼルスは仕事で行く機会が多いのです。

ロサンゼルスから1年間有効のビジネスクラスの往復オープンチケットを買うと、1回当たりの料金はエコノミーより安くなります。

会社にとって大切なのは、どこの席で座るかではなく、いくら使ったかです。

それが勉強であり、知識です。

日本で往復チケットを買うと高いのです。
片道でそのつど買うのは、最も高くつきます。
超過分の経費を自分で払うことで、勉強ができるのです。

このままでは
終わらせない具体例

14 超過分に、かける。

15 メンテ代より買い直したほうが安いようなものは、買わない。

私は長年使っていたヴィトンのクラッチバッグをメンテナンスに出しました。

マチのところがほつれてきたのです。

私が持つグリーンのタイガのクラッチバッグは、もう廃盤になっています。

メンテナンスに出しに行くと、

「こちらのバッグの修理も受けます。ただ、3カ月ぐらいお時間をいただきます」

「大丈夫です」

「それから、料金を今出します」

という展開になりました。

私は値段を聞いていません。

お店のシステムとして、「これぐらいかかります」と事前に料金を伝えたいのです。

メンテナンスの料金を聞くと、普通のバッグが買えるぐらいの金額でした。

支払いのためにカードを出そうとすると、「商品の受け渡しの時でいいです」と言われました。

私のあとに、入れかわりで来た次のお客様とのやりとりが聞こえてきました。

受け取ったバッグを見たお店の人が「ジッパーが壊れていますね」と言うと、そのお客様は「なんで壊れるの？」と文句を言いました。

「ここは、一番使うところで負荷がかかりやすいので」と説明されても、お客様は「なんで？」と納得しません。

「これは不良品じゃないか」と疑っているわけです。

このお客様はメンテナンスをしたことがないのです。

あちこち傷んでも、直しながら愛着を持って、いいものを長年使おうとは考えていません。

お店の人が「こちらのバッグはメンテナンスへ出すことになりますけれども」と言

うと、お客様が「無料？」と聞きました。

「不良品を直すんだから、逆にいくらか詫び代よこせ」と言い出しそうな感じです。

お店の人に「有料になるんですけど」と言われると、「しゃあないな」と最終的にはしぶしぶ料金を払っていました。

このお客様の態度は損をしています。

「感じよくする」ということは、投資です。

そのオヤジが好感度を下げれば下げるほど、私の好感度は上がります。

中には、「メンテ代はこれぐらいになります」と言われると、「え、買い直したほうが安いじゃん」と言って、新しく安いものを買う人がいます。

安いものを買わないことです。

今はデフレで、修理に出す人が減っています。

修理をするより、買い直したほうが安いからです。

本体の新品の値段が下がっているので、「これは買い直したほうが安い」と、多くの人が買い直します。

安いものを買う→早く壊れて買い直す→また早く壊れて買い直す……というサイクルの人は、投資と逆の方向に行っているのです。

このままでは終わらせない具体例 15

メンテ代に、かける。

16 予防代は、治療代の1割ですむ。体が健康になると、アイデアが生まれる。

「投資」と「消費」とは違います。

投資は、ゼロにしようと思えばゼロにできます。

無限にかけようと思えば無限にかけられます。

個人差がつくのは投資の部分です。

一方、消費には個人差がありません。

消費で差がつけられるとしたら、節約です。

ただし、節約はゼロにはなりません。どんなに節約している人でも、ごはん代・服代・水道代・光熱費はゼロにならないのです。

節約でゼロになったら、別のところに不具合が生まれます。

ごはんを食べないと、体を壊します。

または「あいつ、ケチだよね」「たかっているよね」と言われます。

お金持ちとお金持ちになれない人との境目は、健康投資があるかないかです。

健康投資のある人は、お金が増えて、さらに健康投資をします。

健康投資のない人は、お金が減って、さらに健康投資をしなくなります。

お金持ちは予防代にお金をかけます。

検査したり、いい先生についたり、サプリメントを飲んだり、健康食材を食べたりして、風邪をひかない体をつくるのです。

健康食材は高くつきます。

ただお腹が膨《ふく》れればいいだけの食材は安いのです。

今、コンビニでもスーパーでも、2種類の食材が選べます。

体にいい健康食材は安い食材の3倍、値段が高いです。

「3倍もするんですよ」と言っている人は、健康に投資できない人です。

健康に投資ができる人は、「3倍しか違わなくていいの？」と言います。

予防代は治療代の10分の1ですみます。単純な計算でわかります。

逆に、治療代は予防代の10倍かかります。

それを考えると、3倍は安上がりです。本当は10倍高くていいのです。

この10倍は一次出費だけではなく、二次出費もあります。

風邪をひいて1週間休むと、その分、給料がマイナスになります。

そこにおける機会損失に至っては、経済的損失はカウントできません。

せっかくの玉の輿《こし》に乗れるチャンスのデートで、風邪をひいて鼻水が垂れていたという事態が起こるのです。

その人は、一年中、鼻水が垂れているわけではありません。

1年365日のうちのたまたま1日、鼻水が垂れている日に会ってしまったです。

おいしい中華のお店に行って、めんを食べると、よけい鼻水が垂れてきます。

これで次がなくなるのです。

その人は美容代にお金をかけていました。

エステに通い、整形もし、そこそこきれいになりました。

ところが、健康代をケチったのです。

これはお金の配分が間違っています。

女性は美容代に関しては惜しみなく使います。

肌荒れを隠すファンデ代、シミ・シワを隠すコンシーラー代にはお金をかけます。

ところが、シミ・シワをつくらないための食材にはお金をかけていません。

肌荒れ、シミ・シワは、食べたものが原因です。

予算は限られているので、コンシーラー代に使ってしまうと、ほかのことに予算がまわらなくなるのです。

このままでは
終わらせない具体例

16

健康に、かける。

17 先に払うことで、覚悟ができる。

ダンスのレッスンはチケット制です。

私は一番たくさん買えるチケットの仕組みをつくり上げてしまいました。

ほかの生徒さんに「そんな買い方ができるのですか」と驚かれます。

月謝ではなく年謝で、1年分を払ってしまうのです。

「そんな先まで続けているかわからない」と言われると、「なに腰砕《くだ》けなことを言っているんだ。来月でもうやめるの？」と言いたくなります。

1年分先に払っているから、腹が据《す》わるのです。

投資は、先がわからないものにかけることです。

先のタームを長くすればするほど、腹が据わります。

覚悟ができるのです。

「これだけ払っているのだから、モトをとらなければ」という意欲にもなります。

それが相手にも伝わります。

本を買う時も、「きずな出版の本を、この先10年分先払いして買います」と言う人は腹が据わっています。

そういう人は覚えてもらえます。

特別なサービスをしてあげたくなるのです。

このままでは
終わらせない具体例

17

月謝を、1年分、前払いする。

第3章

高い料金には
高いだけの価値がある。

18

クリーニング代は、心のシワを伸ばす代。

クリーニング代に抵抗のある人がいます。

１００円のクリーニングもあります。

そのかわり、ボタンが割れたりします。

安いシャツを買う人は、

「シャツ代よりクリーニング代のほうが高いじゃないか」

「3回クリーニングしたらシャツ代を超える。新品を買ったほうがいいじゃないか」

と、クリーニング代を高く感じます。

高いシャツを買うと、「せっかくのボタンが割れるのはイヤだ。機械でなく手がけのアイロンをしてくれる高いクリーニングにしよう」と考えます。

クリーニングに出さずに、「これ、今日もう1回着られるかな」というシャツで仕事に行ったり、大切な人に会ったり、デートをすると、相手が「あら?」と思うのではありません。

自分がくじけるのです。

明らかにナポリタンのシミがついている時は、誰でもクリーニングに出します。

シャツは、汚れていなくても、若干のシワがついていることがあります。

顔のシワは気にしても、服のシワは「まあ、これぐらいはいいか。もう1日いけると考える人は、投資を怠《おこた》っています。

「今日は特に大切な人には会わない」

「今日、会う人はあいつだからいいだろう」

という日に限って、デスティニーは来るわけです。

その瞬間に、「あ、しまった」とくじけます

せっかく有名人と一緒に写真を撮る機会に恵まれたのに、服がシワだらけだったということが起こります。

それは取り返しがつきません。

クリーニング代は、単に洋服をきれいにするだけでなく、テンションを買っているのです。

このままでは終わらせない具体例

18 クリーニング代に、かける。

19 ウーロン茶1杯5万5000円のクラブに行く。

ある時、クラブの担当の女性から「バレンタインにお渡ししたいモノがあるので、お時間がある時に寄ってください」というメールが来ました。

チョコレートを渡されるのは、わかっています。

チョコレートを取りに行くと、ヘルプの女性がつきました。

担当の女性は忙しいので、その間、ウーロン茶を飲んで待っていました。

30分後にその女性が来て、バレンタインのチョコを渡されました。

ウーロン茶1杯プラス500円のチョコレートで、お会計は5万5000円という世界です。

もう1軒のクラブにも担当の女性がいます。

バレンタインで2軒行くと、ウーロン茶2杯で11万円です。

どちらも美人ですが、2人の渡し方は、まったく違っていました。

A店の女性は、ビールのカートンのような大きいチョコをくれました。

しかも、フロントの上のところからカパッと取って、「ハイ」と渡すのです。

「ここはキオスクかな」と思いました。

B店の女性は、「これから何軒もまわらなくちゃいけないでしょう。だから、荷物にならないように」と、小さいチョコを渡してくれました。

細かい字で書かれた手紙も添えてあります。

一方、カートンのほうは、落ちたかなと思って一生懸命探したのですが、手紙はありませんでした。

あの取り方は、そもそも手紙の気配がありませんでした。

上を見ないで棚から取ったのです。

この違いを勉強するだけでも11万円の値打ちがあります。

こういうところで差が出るのです。

ウーロン茶1杯5万5０００円のお店には、お金持ちしか来ません。

お金持ちの中でも、ちゃんとしている人と、ちゃんとしていない人とがいます。

高級クラブに行くと、お金持ちでちゃんとしている人たちのふるまいを見て学ぶことができます。

高級クラブは女性を見に行く場所ではなく、男性を見に行く場所なのです。

これは授業料としての投資です。

私はスナックの息子なので、「このお店を任《まか》されたらどうすればいいか」という視点で見ています。

ただチョコを受け取っているだけではありません。

そのお店にヘルプで来た女性の研修までしています。

「私はどうしたらヘルプから抜け出せるでしょうか」と相談されるのです。

来る女性、来る女性の悩みごとの相談にのっています。

本当は私がギャラをもらってもいいぐらいです。

それを自分がお金を払って研修しに行っているのです。

究極は、ママさんにも「今日は帰らないで待っていてね」と言われます。
お金を払ってママさんの悩み相談までしているのです。
これが投資なのです。

このままでは終わらせない具体例 19

お金を払って、仕事をしよう。

20 交通費にかけることで、フットワークがよくなる。

会社の経営には「交通費」という勘定項目があります。

個人の中で交通費にどれぐらいかけているかが、その人のフットワークです。

たとえば、天海祐希さんは、知り合いのお芝居のために、わざわざ東京から大阪まで見に行きます。

本人は東京でマチネ（昼公演）があります。

その日はソワレ（夜公演）がありません。

次の日がソワレだけだから移動できるのです。

自分の時間と交通費を使って行くので、見に来てもらった人はうれしいのです。

断るのは簡単です。

「すみません。今、東京で公演をしていて行けません。今度、東京であなたのお芝居がある時に伺います」と言えばいいのです。

一番の問題点は交通費です。

日本は交通費が高いのです。

高い交通費は、自分の行動力のなさの言いわけになります。

行動から考えると、交通費は知れています。

ある知り合いから、「○○さんと一緒にいるので、中谷さん、今から来ませんか」という電話がかかってきました。

「どこですか」と聞くと、「ロンドンです」と言うのです。

ここで「遠い」と思う人は、時間よりも飛行機代が浮かんでいます。

フットワークのある人は、距離は平気です。

終電間ぎわの攻防があるのは、タクシー代が気になるからです。

タクシー代に投資するつもりなら、終電間ぎわの交渉にくじけないですむのです。

デートで、終電間ぎわに「もう1軒行こう」というダサい誘いがあります。

「ホテルに行ってもいいけど、電車がなくなっちゃうから」と断ります。

ここで「送っていくから」と言われたら、安心です。

送っていくのは最高の投資です。

ここに個人差があります。

自分は近所なので、送っていって、帰りは自分が乗って帰ると、倍の料金がかかります。

「タクシー代を払うから領収書をもらっておいて」と言うのは、タクシー代を半分ですまそうとしています。

「終電の時間までに終わるから」というのは、最悪です。

「今、終わるって言っちゃった」と思います。

投資の逆は、ケチです。

ここで3段階あります。

タクシー代を渡して1人で帰すのは、かわいそうです。

タクシーで送っていって帰るとなると、今月のおこづかいがパアになります。

それでもいいのです。

投資は愛です。

見返りは関係ないのです。

「終電までに終わるから」と言うのは、投資ではありません。

消費というか、ただの性欲です。

タクシー代を渡す人は、自分ではうまくやったつもりです。

この段階で、エッチもなしに送っていく人に負けています。

交通費に投資することで、フットワークがよくなるのです。

このままでは終わらせない具体例 20

交通費に、かける。

21 ファーストクラスに乗ることで、現地でイライラしないで仕事ができる。

ファーストクラスの料金の差はどこでつくのでしょうか。

エコノミーの2倍がビジネス、ビジネスの2倍がファーストクラスが相場です。

しかし、ファーストクラスだからといって、何十万円もするような料理は出せません。

実際、ファーストクラスの機内販売の売上げベスト5は、うどん、そば、カレー、アイスクリーム、おにぎりです。

街なかでも、何十万円もするような料理はありません。

京都に行って舞妓さんが踊らないと、その金額はつかないのです。

広さも、ファーストクラスが4倍の広さかというと、そうではありません。

そもそもそんな広さはいらないのです。

ファーストクラスの料金の差は、出会いの差です。

ファーストクラスに乗ると、ファーストクラスの人と出会えます。

これが大きいのです。

「お金を払いますから会ってください」ということは、普通はできません。

交通機関は、それができます。

安い席に乗ると、安い人との出会いがあります。

安い席でイライラするのは、まわりがみんなイライラしているからです。

安い席で機内販売があまり売れないのは、お金がないからではありません。

人間は、イライラしている時に買い物をしないのです。

私は客室乗務員の研修をしています。

機内販売の売上げは、お客様をいかにイライラさせないかが大きいのです。

商品をどう説明するかは関係ありません。

まず、機内のイライラしている空気をワクワクした空気に変えていきます。

ワクワクしている状況では、機内販売はたくさん売れます。

クレームの少なさと機内販売の売上げは連動しているのです。

エコノミーよりビジネス、ビジネスよりファーストクラスのほうが機内販売が売れるのは、イライラ度がないからです。

飛行機の中でイライラしていると、イライラをタバコのにおいのように吸いつけたまま現地の人に仕事で会うことになります。

一番大きく変わるのは表情です。

イライラしている時は、顔がリフトダウンしています。

「インディ・ジョーンズ」シリーズの第1作、映画『レイダース／失われたアーク《聖櫃》』の終盤で映し出された、顔が溶けて下に落ちた状態です。

イライラしていないと、顔はリフトアップします。

人間の表情は深いところにあるので、急には変わりません。

飛行機の中でイライラしていると、顔がジワーとリフトダウンしていきます。

現地で会った人に「不機嫌な顔の人なんだな」と思われます。

そこから急にニコニコしようとしても、すぐには戻らないのです。
機内でニコニコできたら、リフトアップした顔で現地の人に会うことができます。
ファーストクラスは、「イライラしない代」にお金をかけているのです。

このままでは終わらせない具体例 21

メンタル代に、かける。

22 いい車に乗ると、運転が紳士的になる。

家の次に高い買いモノが車です。

今は安い車がたくさんあります。

安い車と高い車は、何が違うかです。

私は、20代の時にアメリカのロサンゼルスで仕事をしていました。

アメリカはクルマ社会なので、いろいろな車がハイウエーを走っています。

私が「いいな」と思って見ていた車は、ポルシェでした。

20代で車を買っていたら、ポルシェを買っていました。

実際は、30代で駐車場付きマンションを買った時に、初めて買った車がジャガーでした。

ジャガーに乗ると、運転が紳士的になります。
「お先にどうぞ」と言えるのです。
ポルシェはレーシングカーなので、飛ばしたくなるし、抜きたくなります。
譲りたくないし、負けたくないのです。
ジャガーは貴族の車です。
ジャガーに乗ると、イライラしなくなります。
私は自分のメンタル代を車で買ったのです。

このままでは終わらせない具体例

22

車代に、かける。

23

一流のホテルは、一流のお客様の知恵の図書館だ。

一流のホテルは、ホテルマンがすごいだけではありません。

ホテルマンの中には、そのホテルに来た一流のお客様のデータベースがすべて入っているのです。

個人情報とか、紹介してもらえるということだけではありません。

マナーのよさも、すべて入っています。

ホテルマンは、ホテルに来るお客様が育てます。

ホテルマンは、一流のお客様のノウハウをいったん貯蔵する場所です。

ホテルマンを通して、一流のお客様のノウハウをもらえるのです。

それが一流のホテルに泊まる意味なのです。

このままでは
終わらせない具体例

23

ホテル代に、かける。

24 いい服を着つぶすことで、その服を乗り越えていける。

服にかけることも投資です。
服は名刺代です。
世界では日本の名刺は通用しません。
日本では有名でも、外国では「そんな会社は聞いたことがない」と言われます。
日本人がアメリカやイギリスやフランスの会社を知らないのと同じです。
知らない相手と初対面で会った時は、服で判断されるのです。
男性は、みんなスーツを着ています。
同じ種類の服なので、ランクがはっきりわかります。
たとえば、みんながトラの顔の描いてあるTシャツを着ていたら、高い安いはわかります。

トラだったり、ヒョウだったり、チーターだったりすると、わからないのです。

中谷塾の塾生にオーダースーツを買いに行くレッスンをしました。

オーダースーツを作ることも勉強です。

せっかく作ったオーダースーツを塾に着て来る人と着て来ない人とがいます。

着て来ない人に「なんで着て来ないの？」と聞くと、「ココ一番にとってあります」と言うのです。

その人は、そこで終わりです。

私が毎日着るようにと言うと、「でも、先生、ある人の本に『服は最低1週間休ませよう』と書いてあります」と言うのです。

今のランクで終わっていいなら、それでいいのです。

私がその服を買わせたのは、いい服を乗り越えて、次のステップへ行くためです。

ボロボロになるまで着こなせば、「ここはもっとこうしたほうがいいな」と、次にスーツをつくる時のアイデアが浮かびます。

服代は教材代です。

最初は先生ですが、毎日着ることによって教材に変わります。

「ココ一番にとってある」と言う人は、その服を永遠に超えることはできません。

先生は一生モノですが、教科書は一生モノではありません。

それをボロボロにして乗り越えていくのです。

このままでは
終わらせない具体例

24

服に、かける。

25

安いツアーを選ばないのは、命を守るためだ。

今はデフレの時代で、安いものがたくさんあります。

安いものがなかった時代は、投資は必要ありませんでした。

すべてが高かったからです。

昔のように、私の最初のアメリカ1周150万円という時代なら、別に心配はありません。

今は値下げ競争をしているので、安いツアーがたくさんあります。

「海外旅行がなぜ国内旅行より安いの？」と思うツアーもよくあります。

それに申し込むということは、命を売っているということです。

安いツアーにするためには、どこかに負担がかかります。

たとえば、睡眠時間が短く、寝ていても運転できるという怪しいベテランドライバーが来たりします。

それで事故にならないほうが不思議です。

原因がわかっていても、国も規制しきれないのです。

すべてをチェックしようとすると、膨大な人数の役人が必要になって、消費税が80%になります。

1400円の本は、税込み2520円になります。

消費税の支払いにびっくりします。

めぐりめぐって、結局、安全代を取られるのです。

たとえば、家賃は安全代で決まります。

「なんか、ここ安いよね」というところは、必ずしも前に殺人事件があったというわけではありません。

ただし、安い家賃でもいいという人たちが集まってきます。

それによって、犯罪が発生しやすいところになるということです。

家賃で一番大切なことは、安全です。

これは世界共通です。

「安全はタダ」は間違いだということを、リオオリンピックは教えてくれました。

高いツアーを選ぶのは、何事も起こらないための投資です。

何かを起こすために投資をするのではなくて、何事も起こらないために投資をしていくことが大切なのです。

このままでは終わらせない具体例 25

安全に、かける。

26
一番安いメニューでは、レストランの味はわからない。

初めて入ったレストランに、「松・竹・梅」のメニューがありました。

「松」が一番いいメニューです。

そこで、とりあえず様子をうかがうために「梅」を頼む人がいます。

「梅」では、そのお店の値打ちはわかりません。

「『梅』はいまいちだけど、『松』はおいしい」ということもあります。

ただし、「松」がハズレなら次のチャンスはありません。

「『梅』がおいしかったから、次は『竹』」と段階を踏んでいると、時間がかかります。

結果、「梅」と「竹」の代金を払った上で、「松」を食べることになります。

最初から「松」でいいのです。

そうすると、お店の人は「『松』のお客様」と認識します。

最初に「梅」を頼むと、お店の人は「『梅』のお客様」と認識します。

2回目に「竹」を頼むと、「『梅』のお客様が今日は『竹』だ」と思うのです。

3回目に「松」を頼んでも、「『梅』のお客様、今日は『松』ですが、ご注文間違いないですか」という確認をされます。

初回が大切なのです。お店の人は、初めてのお客様には緊張しています。

お客様も、「どんなお店なのかな」と様子をうかがいます。

彼女と2人で来て「『梅』を2つ」と言うのは、残念な男性です。

初めてのお店では、ベストメニューを頼んで判断してあげます。

ベストメニューは、お店の人が頑張っているメニューです。

「梅」のメニューは、初めての人の敷居を下げるために値段が先に決まっています。

その値段で出すためには、原価で手を抜く必要があるのです。

この落差が一番激しいのが中国です。

たとえば、中国のある有名なレストランで、「行ったら、意外においしくない」というコメントが書かれていました。

理由は簡単です。パックツアーで行っているからです。パックツアーのお客様に出す料理は、昨日入ったばかりの人がつくっているのです。

ある時、料理の鉄人が、「○○というお店はおいしいよ」と言って、一緒に行ってくれることになりました。当日、鉄人が少し遅れました。

先に料理が出始めているところへ、鉄人が合流しました。鉄人は料理をパッと見て、「おい」と厨房へ入っていきました。すると、お店側は「つくり直します」と言って、料理を全部つくり直しました。お客様の中に鉄人がいるとわかったからです。

それぐらい、同じお店でもお客様によって対応に差があるのです。

お店での投資のコツは、一番高いものを頼むことです。

このままでは
終わらせない具体例

26 レストランで、ベストのメニューを頼む。

27 睡眠時間は、お金で買える。

稼いでいる人と稼いでいない人との圧倒的な差は、睡眠時間の長さです。

稼いでいる人の睡眠は長く、稼いでいない人は短いのです。

アイデアは眠っている時に生まれます。

寝ている間に頭の中を整理して、アイデアが生まれて、パッと目が覚めます。

稼げない人は残業代で食べています。

残業が終わって帰ってきて、次の朝、すぐにまた出かけます。

「睡眠時間が減る」→「アイデアが出ない」→「稼げない」→「労働時間が増える」→「寝る時間がなくなる」という負のスパイラルになるのです。

睡眠時間は、お金で買えます。

残業を断ればいいのです。

「残業代がなくなったら、収入が減るじゃないですか」と言いますが、残業でもらうお金を睡眠に充てることでアイデアが出ます。

アイデアが出ると、その人の付加価値がついて、時間単価が上がります。

給料が上がって、収入が増えて、さらに睡眠時間が生まれます。

この回転をつくるのが投資です。

私の交通機関の選び方は値段ではありません。

電車とタクシーの選択肢がある時に、まずは、どちらが早いかという時間の要素があります。

もう1つは、どちらが睡眠時間を確保できるかです。

マイカーとタクシーの場合、マイカーはガソリン代や維持費がかかります。

タクシーはタクシー代がかかります。

睡眠時間はタクシーのほうがとれます。

マイカーで寝たら、あの世行きです。

しかも、人を巻き込みます。

睡眠時間で移動手段を決める方法もあるのです。

このままでは
終わらせない具体例

27

睡眠代に、かける。

第4章

値崩れしない自分の基盤をつくろう。

28

プロは、ボイトレにお金をかけている。

ボイストレーニングで声を磨かなくても、日常会話は通じます。

不具合は、昼の中華料理屋で注文の声の通りが悪いぐらいです。

私は信越放送の朝のラジオを10年続けています。

ボイストレーニングを始めたのは、朝のラジオを始めてからです。

10年前の録音を聞いてみると、今の声とまったく違います。

毎週、声の調子を整えに行きながら、声のレベルアップをしていったのです。

のどを使う仕事をしているプロは、自分の声の違いがはっきりわかります。

ボイストレーナーではない普通の人は、「何か違う」ということだけはわかります。

「この人の話を聞いているとなんか疲れる」「この人の話を聞いても、ワクワクしな

い」と感じるのは、実は話の中身や顔は関係ありません。

その原因は、声です。

アメリカの大統領には、ブロードウェイのトップのボイストレーナーがついています。

「何度言ったらわかるんですか」と、大統領はこてんぱんに叩かれながら指導されています。

それは、映画『英国王のスピーチ』の中でもありました。

経営者も、みんなボイストレーニングをしています。

日本では、その習慣がありません。

ボイストレーナーがつくのは、ミュージカルやオペラの人だけです。

俳優にはボイストレーナーがつかないのです。

山崎努さんは、「なんで日本はボイストレーナーがいないんだろう？　自分が養成所にいた大昔から、『尻の穴をしめろ』としか教えない。ちゃんとシステマティックにボイストレーニングをしてくれる人はいないのだろうか」とこぼされていました。

ボイストレーニングとは、呼吸法です。
声の出し方ではなく、呼吸の仕方です。
呼吸の仕方を教えてくれるプロフェッショナルにつくことが大切なのです。

このままでは
終わらせない具体例

28

声代に、かける。

29 アスリートと同じように、自分のサポートチームをつくる。

オリンピックの試合などの国際大会には、コーチ、メンタルトレーナー、フィジカルトレーナーなど、必ずサポートスタッフがついて行きます。

フィジカルトレーナーは、疲労をとってくれるマッサージ師と、コアトレーニングのトレーナーの理学療法士の2通りがあります。

私も両方つけています。

週1回は理学療法士、週2回はスポーツマッサージトレーナーのところに行っています。

これが私のサポートチームです。

声に関してはボイストレーナーの楠瀬《くすのせ》誠志郎先生、ダンスに関しては花岡先生がいます。

サポートスタッフを自分で組み上げているのです。

イチロー選手も、自分で島根の陸上の先生にランニングコーチを頼んでいます。

「野球選手は何億ももらっていいな」と言いますが、サポートスタッフのギャラは全部自分持ちです。

サッカーの選手は、道具管理を専門の人に頼んでいます。

自分のサポートスタッフを組み立てて、その人たちに費用を払うことが投資なのです。

このままでは
終わらせない具体例

29

サポートスタッフ代に、かける。

30 先生から教わるとは、先生が一生かけたものを、学べる。

私は、いまだに先生代に投資しています。

冒頭で述べたように、「投資している感」はありません。先生代は安いからです。

ダンスの花岡先生にしても、ボイストレーニングの楠瀬誠志郎先生にしても、ダンスならダンス、ボイストレーニングならボイストレーニングに一生をかけてきています。ほかのことを捨てて、いい意味で一生を棒に振っているのです。

楠瀬先生に至っては、お父さんの楠瀬一途《かずみち》さんとで親子二代です。

それをたかだか1回数万円で教わるのは申しわけないのです。

それがわからない人が「エー、1時間何万円は高い」と言うのです。

それは習っている時間の拘束《こうそく》量を言っているだけです。

安い先生はたくさんいます。この間まで生徒で、師範の免状を取ったばかりの先生もいます。かけている時間が圧倒的に短いから安いのです。

「高い」と感じるものは投資ではありません。

「安い」と感じるものが投資です。

「高い」と感じるものには、そのものに価値を感じていないのです。

たとえば、1冊1400円の本があります。

「1400円」を高いと感じる人は、その本から得るものは何もありません。

「1400円」を安いと感じる人は、出版社に「安すぎる。ふざけるな」と、クレームの電話を入れていいのです。これが投資です。

安いと感じているものは、もはや何も感じていないので、どんどん使えるのです。

このままでは終わらせない具体例

30

先生の一生を、買おう。

31 グループレッスンより、個人レッスンのほうが、成長が早い。

初心者は、たいていグループレッスンから始めます。

グループレッスンは安いですが、上達のスピードは遅いです。

個人レッスンは高いですが、上達のスピードは速いです。

ある一定の進歩度までにかかった金額は、グループレッスンのほうが圧倒的に高くなります。

グループレッスンは継続力が弱いのです。

一緒のグループの人とスケジュールが合わないからです。

それに合わせようとすると、どんどん間延びして、やがてやめてしまいます。

結局、個人レッスンのほうが、かかる費用は少なくなるのです。

最初から個人レッスンでするほうが安上がりです。

投資とは、一見、高そうに見えることが安上がりになることなのです。

このままでは終わらせない具体例 31

個人レッスン代に、かける。

32 専門家を、侮《あなど》らない。平時に、顧問料を払う。シロウトは、プロのすごさがわからない。

専門家にリスペクトを持って、その力を使うことが大切です。

たとえば、税理士さんです。

経営者の中には、自分で税金の勉強をしている人がよくいます。

「自分がやっている業務のことは、どうせ税理士さんはわからない」と思っているのです。

税務署員は、税理士さんを通さずに来る人に燃えます。

徹底的に調べたくなるのです。

税理士を飛ばす人は「税理士に知られたくない」という気持ちがあります。

プロの税理士を信用していないのです。

税理士に話したら、税理士が全部申請して、自分が損をすると思っています。

この人は専門家にリスペクトがありません。

自分のこざかしい勉強で勝てるぐらいの知識しか専門家は持っていないと思っています。

これはプロに対する軽視です。

ファーストクラスに乗る人は、税理士さんに対して「すごいな。よくあんなことができるな」とリスペクトします。

税務署の署員の人に対してもリスペクトがあります。

どちらにもリスペクトできる人は、専門家に任せて、自分はしゃしゃり出ないのです。

作家は、税理士さんを通さずに、直接自分で税務署に行く人が多いのです。

税務署員を燃えさせて、税金をごっそりとられます。

本人が来る人が一番隠している人です。

これは税理士さんに限りません。

プロを雇える人は、プロのすごさがわかっています。

それは自分もプロだからです。

プロは、ほかのジャンルのプロに対してリスペクトがあります。

アマチュアは、「こんなものだろう」ということで、プロに対してリスペクトがなくなります。

プロはプロをリスペクトします。

アマチュアはプロをリスペクトできません。

プロのすごさ、奥深さがわからないのです。

このままでは終わらせない具体例

32

専門家に、かける。

33

安いイヤホンで聞いていると、耳の感度が落ちていても気づかない。

イヤホンは100円ショップでも売っています。

イヤホンには値段が無限にあるのです。

値段によって性能は違います。

安いイヤホンで聞いたあとに高いイヤホンで聞くと、「こんな音だったの?」と、音のよさに驚きます。

高いイヤホンと言っても100万円はしません。

ただ、100円のイヤホンとは音がまったく違うのです。

安いイヤホンで聞いていると、究極は耳が悪くなります。

安い音に慣れてしまうと、音をきちんと聞き分けられなくなるのです。

通常、いい音に慣れると、安い音が気持ち悪くなります。

安いイヤホンでも、音は途切れないし、音楽も変わらないので不具合は何もありません。

ただ、耳の感度が劣化していくのです。

安く売っているものでも、いいものを買うのが投資です。

たとえば、100円のお菓子でも、150円出すだけで味は変わります。

そうすると、舌が変わってくるのです。

カレーの世界でも、100円、200円、300円と値段に幅があります。

100円のものは、レトルトの袋のままで売られています。

200円のものは、箱に入っています。

300円のものは、箱のロゴに金箔が入ります。

味もそれぞれ違います。

安いものは、ムリがあります。

安い原価で成り立たせるためにムリしているのです。

ホテルの2000円のカレーは、場所だけの問題ではなく、中身もおいしいのです。

このままでは
終わらせない具体例

33

安いもので、いいものを買おう。

34 ナマを見ないと、ホンモノはわからない。

情報化社会でよくあるのは、「ナマで見ていないのにナマで見た気がする」ことです。

たとえば、シルク・ドゥ・ソレイユの映像を見て、「CGでもっとうまくできる」「もっとすごいことができるな」と言う人がいます。

シルク・ドゥ・ソレイユは、ナマで見るのが一番です。

時々、演者がしくじります。

空中ブランコの演技で失敗して、ネットに落ちたりします。

ナマで見ていると、「ワッ、落ちる」とヒヤッとします。

ハンド・トゥ・ハンドという2人の男性がお互いにグーッと手を震わせながらバランスをとる演技も、「うわ、すごいな」と驚きます。

これはナマのすごさです。

情報化社会は、ナマでなくバーチャルで伝わるもの、映像で見るものです。

たいていのものはユーチューブで見られます。

ユーチューブでサラ・ブライトマンの歌を聞いても、大切な響きはほとんど消えます。だからこそ、ナマがいいのです。

今はレプリカもたくさんあります。

レプリカは安いです。

図版で見てもわかりやすくなっています。

それでも、**美術館に行ってホンモノを見ると、「うわ、なんかわからないけど、すごい何かがある」と感じるのです。**

コンサートも実際に行くのが一番です。

CDのほうが音質はいいですが、コンサートでしか伝わらないものがあるのです。

コンサート会場では、スピーカーの前でズンドンズンドンと聞こえて、一番ベストのハーモナイズであるとは限りません。

ＣＤは調整しながらつくっているので、よりハイトーンが出ています。

ハイトーンを五重、十重に重ねてＣＤに収録しているのです。

コンサートでは、そのハイトーンが出せない場合、半音を下げて出すこともあります。それは、ナマでしか伝わりません。

ナマ櫻井さんと映像の櫻井さんも違うので、ナマで見ないのはもったいないです。

「博多祇園《ぎおん》山笠を映像で見ました」というのは、締め込み姿で参加している人に怒られます。

大阪の岸和田だんじり祭も、「映像で見た」と言ってもらいたくありません。

ホンモノを知るためには、ナマで見に行くことにお金をかければいいのです。

このままでは終わらせない具体例 34

ナマ代に、かける。

第5章

つながる人は、投資の仕方で変わる。

35

モノを持っても、成長しない。ヒトに出会って、成長する。

ホリエモンさんのようになりたい人が、ホリエモンさんが行っているレストランに行ってもホリエモンさんにはなれません。

今、ＩＴ系の人はみんなブログやツイッターをしています。

「○○のお店に行っている」と、自分が食べているお店も紹介しています。

「自分もホリエモンさんの食べているところへ行っているんですけど」と言う人がいます。

それだけでは、何も変化しません。

それなら、ホリエモンさんに会って怒鳴られたらいいのです。

それが一番変わります。

モノ代よりもヒト代にかける必要があるのです。

モノ代は形としてモノが残ります。

ヒト代は形として何も残りません。

それでも、人間が生まれ変わるという意味では一番大きいのです。

このままでは終わらせない具体例

35

モノ代より、ヒト代にかける。

36

高いツアーと、安いツアーでは、旅先でできる友達に差ができる。

高いツアーも安いツアーも無限にあります。

その料金の違いは、旅先で一緒にまわって友達になる人の差です。

友達の差は、今後のつきあいの差になります。

次の旅行や、そのあとの人生が分かれるのです。

以前、私の親が最初に見つけてきたツアーが、北海道3泊4日3万9800円というものでした。

私は子どもとして、「探してきたのはいいけど、もう少し高いのにしてください」とお願いをしました。

その結果、高いツアーにしてくれました。

旅行から帰ってくると、「高いツアーにしてよかった」と言っていました。

知り合った人の中に、逗子の別荘にお住まいの人と山形に山を持っている人がいたそうです。

「山形の人からは旬の果物が季節ごとに届きます」という関係になるわけです。

その旅行中、父緒がウロウロしていると、安いほうのツアーの人たちの会話が聞こえてきました。

それは、「大浴場から何を盗んできた」「部屋から何を持って帰ってきた」という自慢大会だったそうです。

「大浴場の大きいシャンプーを持って帰ってきた」

「カバン置き台として使うラックを持って帰ってきた」

「バスローブを着て帰ってきた」

と、盗んだものを見せ合うのです。

それが高いツアーと安いツアーの差です。

今、エベレストも1人500万円で登れます。

もちろん、トレーニングは必要です。

エベレストも、一歩間違うと富士山のように汚れた状態になります。

富士山も今はだいぶきれいになりました。

山が汚れるのは、観光客がゴミを捨てるからです。

登山家はゴミを捨てません。

観光客とは、1回しか来ない人たちです。

1回しか来ないところではマナーが悪くなるのです。

安いツアーに行く人は「もう二度と来ないし、別にいいや。恥のかき捨てだから」と考えます。高いツアーに行くことによって、マナーがよくなり、文化度が上がるのです。またその場所へ行くこともできます。

バスローブを持って帰ってきた旅館には、もう二度と行けないのです。

このままでは終わらせない具体例

36

関係に、かける。

37 配送費にかけることで、人脈が広がる。

今は手紙より宅配便で送ることのほうが多くなりました。
宅配便は安くなったとはいえ、配送費はタダではありません。
仕事をしている人ならわかります。
中身より配送費のほうが高いことも多いのです。
手紙やプレゼントを送る時も、一番かかるのは配送費です。
ここに投資するのです。
たとえば、売れ残った本は全国の図書館にプレゼントします。
処分するとゼロ円です。
配送料は出銭《でせん》です。

大きい図書館から小さい図書館まで入れると、無限にあります。
小さい図書館の数は把握できないのです。
町の公民館や小学校の中にある図書室もあります。
そういうところは蔵書数が少ないので、本1冊でもありがたいのです。
そこから手紙が来たら、私は本を送ることにしています。
自分で出版社から本を買って送ると、喜んでもらえます。
図書館は日本全国にあります。
本と出会えなかった人、そもそも本を読まなかった人が本と出会えます。
これは私が図書館でお世話になったお返しです。
投資は見返りを求めることではありません。
私は図書館が大好きで、図書館でいろいろなことを教わりました。
世間では、それを「投資」と言います。
私の中では「お返し」です。
その結果、初めて中谷本を読んで、ハマッていく人、新刊を買う人が生まれます。

郵便はがき

162-0816

恐れ入ります
切手を
お貼りください

東京都新宿区白銀町1番13号

きずな出版 編集部 行

フリガナ

お名前　男性／女性　未婚／既婚

(〒　-　)
ご住所

ご職業

年齢　10代　20代　30代　40代　50代　60代　70代〜

E-mail

※きずな出版からのお知らせをご希望の方は是非ご記入ください。

愛読者カード

ご購読ありがとうございます。今後の出版企画の参考とさせていただきますので、アンケートにご協力をお願いいたします(きずな出版サイトでも受付中です)。

[1] ご購入いただいた本のタイトル

[2] この本をどこでお知りになりましたか？

1. 書店の店頭　2. 紹介記事(媒体名：　　　　　　　　　　　)
3. 広告(新聞／雑誌／インターネット：媒体名　　　　　　　　　　　)
4. 友人・知人からの勧め　5.その他(　　　　　　　　　　　)

[3] どちらの書店でお買い求めいただきましたか？

[4] ご購入いただいた動機をお聞かせください。

1. 著者が好きだから　2. タイトルに惹かれたから
3. 装丁がよかったから　4. 興味のある内容だから
5. 友人・知人に勧められたから
6. 広告を見て気になったから
(新聞／雑誌／インターネット：媒体名　　　　　　　　　　　)

[5] 最近、読んでおもしろかった本をお聞かせください。

[6] 今後、読んでみたい本の著者やテーマがあればお聞かせください。

[7] 本書をお読みになったご意見、ご感想をお聞かせください。
(お寄せいただいたご感想は、新聞広告や紹介記事等で使わせていただく場合がございます)

ご協力ありがとうございました。

きずな出版　URL http://www.kizuna-pub.jp　E-mail 39@kizuna-pub.jp

それがなくてもいいのです。

焦っている人は、自分で買って配送料を払って図書館に送っても、タダで読まれて新刊の売れ行きが減ると考えます。

配送費はケチらないのが投資です。

このままでは
終わらせない具体例
37

配送費に、かける。

38
いい靴を履くと、行動力がつく。いい靴は、紹介状になる。

靴代に投資すると、いいことは2つあります。

1つは、その靴を履くと動きたくなることです。行動力が上がるのです。

安い靴を履くと、動きたくなくなります。

足が痛くて、「歩きたい」という気持ちが湧かなくなるのです。

靴で大切なのは、「この靴で出かけたくなる」という気持ちになることです。

靴が勝手に歩くのです。

「出かけたくなる」には、

① いつ誰に会ってもくじけない

② どこで脱いでもくじけない

という2通りの意味があります。

日本家屋では靴を脱いで上がります。

脱いだ時の靴は、履いている時以上に差が大きいのです。

女性で美人なのに、脱いだ靴を見て「あらら残念」とガッカリすることがあります。

気持ちの乱れは靴に出ます。

きれいにネイルしているのに、つま先とカカトが傷だらけです。

カカトの底だけではなく、カカト全体を交換したほうが早いぐらいです。

「どう歩けば、こんな傷がつくんだろう」と思います。

会社時代にバリバリ仕事をしていた上司に久しぶりに会うと、何か落ちぶれた感じになっていることがあります。

自分はその先輩に靴を注意されたのに、その先輩の靴がひどいのです。

ここで落ちぶれた感をしみじみと味わいます。

それぐらい靴に出るのです。本人は気づきません。

男性も同じです。

靴はメンタルが一番反映します。

メンタルがちゃんとしている人は、靴もちゃんとしています。

メンタルがくじけている人は、靴がどうでもよくなります。

一見《いちげん》さんお断りの店に行くと、お店の人が「どうぞいらっしゃい」と言いながら頭を下げます。

あれは靴を見られています。

靴で合格・不合格が決まるのです。

「○○さんの紹介」とか、名刺や札束は関係ありません。

靴が紹介状になっているのです。

このままでは終わらせない具体例

38

靴に、かける。

39

海外で安く買うより、国内のなじみのスタッフから高く買う。

ブランド品は、海外のお店で買うほうが安いのです。

わざわざ海外にブランド品を買いに行く人、「海外に行ったら、ブランド品を買わないと損」と思っている人は、ファーストクラスに乗れない人です。

私はイタリアのミラノのブルガリに行って、何があるかを見てきます。

帰ってきて、それを銀座のブルガリで買います。高くても日本で買うのは、ブルガリ銀座店の店長の堀米忠志さんと仲よしだからです。

堀米さんとは紀尾井町にブルガリがあった時からのつきあいです。

ブルガリで一番最初に私の担当になったのが、まだクラーク（現場スタッフ）だった時代の堀米さんです。

このままでは終わらせない具体例

39

観光客より、常連になる。

海外で買うと、一観光客です。日本で担当の人から買うと、常連になります。

観光客になるか、常連になるかの違いです。

観光客は、使い捨てで蓄積がききません。そこでどんなに高いモノを買っても、店員さんに覚えてもらえません。

たかだか数万円の得をするために自分を観光客に貶《おとし》めるよりは、常連として関係性のある間柄をつくっていくほうがいいのです。高くても、同じ人から買い続けます。

「掛け捨て型」か「貯蓄型」かの違いです。

貯蓄型のほうが高いですが、買い物に関しては完全に貯蓄型のほうがいいのです。

ファーストクラスに乗る人は、買い物は貯蓄型、保険は掛け捨て型です。ファーストクラスに乗れない人は、買い物は掛け捨て型で、保険だけが貯蓄型なのです。

40 税金を払うことで、信用が生まれる。税金をケチると、信用をなくす。

税金を払うことで、税務署、税理士さん、銀行、あらゆる金融機関の信用が生まれます。

投資しない人は、「税金は高い。こんなに働いても取られているじゃないですか」と考えています。

「賃金をもらって税金を引かれている」と思うからいけないのです。

「働いたうち、収入の一部をいただいている」と思えばいいのです。

税金は、取られているのではありません。

たとえば、作家は1400円の本を出すと、印税10％で140円の収入になります。

ここで「9割も出版社に取られるの？」と思うのはおかしいです。

単純に9割の収益なら、出版社はもっと儲かっています。

これが考え方の違いなのです。

税金を取られていると感じる人は、「どうしたら税金を払わないですむだろうか」と考えます。

ファーストクラスに乗る人は、「どうしたら税金をもっと納められるだろうか」と考えます。

これが稼げる人です。

税金を納めることによって保育園ができて、待機児童が減るわけです。

そういう形で社会還元するために、もっと稼いで、もっと税金を納めようとします。

ここで、作家の世界でもありがちなのが、「節税」という名の怪《あや》しげなことをする人です。

それがバレた時のイメージダウンは大きいです。

出版社的にも困ります。

節税をする人のお金儲けの本はイヤらしく感じます。

そうならないように、グレーゾーンは払うのです。

グレーゾーンを払っていくことは投資です。

信用は、グレーゾーンで決まるのです。

ブータンでは、国王みずからが「ブータンを民主制にしよう」と言いました。

国王を罷免《ひめん》する権利を議会に与えたのです。

ブータンの国王は太っ腹です。

投資も、これと同じ考え方です。

「どうしたら税金をもっと納められるだろうか」と考えることが大切なのです。

このままでは終わらせない具体例

40

税金に、かける。

41

物件よりも、街が勝負。

マンションを買う時に、誰でも物件にこだわります。
マンションは、物件よりも街です。
残念な街のいい物件より、いい街の残念な物件のほうがいいのです。
買うのは、建物でも土地でもありません。
空気であり、歩いている人です。
私は、表参道を歩いている人に投資したのです。
表参道に引越してきてすぐ、フィットネスクラブに行きました。
そこには外国人モデルがたくさんいました。
そうなると、人間は放っておいても頑張ります。

モチベーションを買っているのです。

外国人モデルは、はんぱではないスピードで走っています。

私が行っていたフィットネスクラブは、ランニングマシーンの前がエクササイズルームです。

ガラス張りなので、前で外国人モデルが走っているのが見えます。

そこでヘボいことはしていられません。

「もう帰ろうかな」とくじけそうになっても、頑張れるのです。

家賃の安いところでは、オバチャンがウエイトトレーニングのマシーンに座って長話しています。

そんなところでは、頑張りたくても頑張れません。

「ジャグジーに入って帰ろう」となって、フィットネスクラブが、だんだんお風呂屋さん化していくのです。

藤本義一さんの本に「収入の8割を家賃にかける」と書いてありました。

私はそれをマネしています。

その人のモチベーションは、住んでいる場所で決まります。

表参道は、自分のポートフォリオを持ったモデルのオーディションがたくさんあります。

モデル事務所も多いので、ショーモデルがたくさん歩いています。

そこにジャージでは出て行けません。

コンビニにも、ちゃんとした格好で行っています。

残念な街では、ジャージで電車に乗ることに抵抗がなくなります。

オシャレしても仕方がないので、その人のセンスはどんどん荒廃していきます。

新幹線が通ると、その町の女性の年齢が5歳若くなると言われます。

メイク道具の売上げも上がります。

きれいになることが、都会に出てくる意味です。

きれいにすると、その人の収入は増えます。

地方にいると、きれいにしても「ふしだらだ」とか「色気づきやがって」と言われて、デメリットしかないのです。

地方にも、お金持ちはいます。
その人と結婚できたとしても、結局、お金は使えません。
キャッシュではなく、山で持っているからです。
山を売ってキャッシュに換えようにも、勝手なことはできません。
先祖代々の土地なので、親族会議が始まるのです。
私の実家もそうでした。
堺市は人口80万の政令指定都市です。
それでも、ビデオデッキを買うにも親族会議です。
なおかつ却下です。
「いらないいだろう。その時間に見ればいいいだろう」と言われるのです。

このままでは
終わらせない具体例

41

家賃に、かける。

42

京都では、置屋《おきや》さんから人を紹介してもらえる。

京都では、花街の屋形《やかた》（置屋さん）を通さないと、ＶＩＰには会うことができません。

すべての人が屋形を通して会える仕組みになっています。

屋形とは、人材紹介業なのです。

ヨーロッパで、そこそこの会社のトップの人に会いたい時は、モナコに行かないと会えません。

その人たちはバケーションでモナコに集まっています。

会社に行って「すみません、社長に会いたいんですけど」と言っても、「すみません、社長は多用のため」と、受付ではじかれて会えないのです。

ところが、モナコに行くと、隣の席でモナコ王子がお茶を飲んでいたりします。

紹介代にお金を払うという感覚を持てばいいのです。

オリンピック誘致の時、「なんで、紹介代にこんなお金がいるんだ」と叩かれました。

庶民感覚でいる人は、「紹介代でこんなに取られているのはおかしい。だまされているんじゃないか」または「あんたがはねているんじゃないか」と言います。

紹介代が一番高くつくのです。

京都では、屋形と仲よくなったり、屋形のお母さんにかわいがってもらえるというのが一番安上がりです。

それによって、普通ではなかなか会えないＶＩＰにも会わせてもらえるのです。

このままでは終わらせない具体例

42 紹介代に、かける。

43

友達の会社の株を買う。

私も、友達の会社の株を持っています。

友達と一緒に夢を買っているので、株価が上がることが目的ではありません。

上場した株もあれば、紙くずになった株もあります。

「せっかく買ってもらったのにすみません」と言われますが、紙くずになった株は、そのまま売らないで記念にとっておきます。

ポール・マッカートニーのコンサートに行ったチケットを記念に持っているのと同じ感覚です。

ポール・マッカートニーのツアーが中止になった時、怒ったり、払い戻す人がいますが、これほど貴重なチケットはありません。

「このチケットのコンサートは中止になったんだ。その次に、また行ったんだよ」と、ネタにできます。

上場して大きなリターンがあるよりは、「これ、はじけたよね」という株券のほうが値打ちがあります。

それが、ベンチャーの友達とつきあうということです。

高いから売る、安くなるから売るでもなく、持ち続けるのが友達の会社の株です。

儲かるかどうかはわかりません。

ウォーレン・バフェットは「ＩＴ株はわからないから買わない」と言っています。

昔からある企業ですら、今の業務内容がわからないことがあるからです。

バイオに変わっている会社、昔の会社名とはまったくかけ離れた医療関係を手がけている会社もあります。

どんなに「四季報」をじっくり分析しても、何をしているのかわからないのです。

最終的にわかるのは、自分がその人と友達かどうかだけなのです。

このままでは終わらせない具体例

43

安くなっても、持ち続ける。

第6章

リターンは楽しみに、ゆっくり待とう。

44

儲からない仕事で、多くを学び、やりがいが見つかる。

儲かる仕事は、投資ではありません。

通常、頼まれる仕事は、ほとんど儲からない安い仕事です。

仕事には、

①　儲かる仕事

②　儲けが少ししかない仕事

③　儲けがゼロの仕事

④　赤字になる仕事

の4通りがあります。

①から④までの仕事を選ばずに全部するのです。

ところが、ほとんどの人が、①の「儲かる仕事」ばかりを探そうとします。

②の「儲けが少ししかない仕事」は断ったり、文句を言います。

一番差がつくのは、④の「赤字になる仕事」をすることです。

これが投資です。こういう仕事でやりがいが見つかるのです。

人間は面白いもので、儲けがないと「しようがないから、やりがいでも探すか」となります。

儲かる仕事は「これは、いくらの仕事なんだよね」ということばかり考えて、やりがいを見つける気持ちが湧きません。

これは味覚と同じです。味の濃いものは、最初に一口食べて「辛い」「甘い」「にんにくがきいている」とガツンと来て、「おいしい」と言います。

本当においしいものは、食べてすぐにはそのおいしさがわかりません。

「もう一口いいですか？　何か入っているな」という段階は、舌が味覚を探している状態です。

そこで見つけた味覚はハマります。

これを「薄味」と言います。

たとえば、スポーツドリンクは発売当初、それまでのジュースに比べると「ジュースにしては甘さが足りない」と思われました。

ところが、スポーツドリンクはハマるのです。

それは、自分で探した味覚だからです。

同じように、人間は儲けがない仕事をすると、自分のやりがいを見つけようとします。

儲かる仕事は、いつの間にかやりがいがなくなります。

「儲けること」が主たる目的になるからです。

「安いし、やりがいがない」と言うのは、逆です。

安い仕事だからこそ、やりがいが見つかり、ニコニコ笑ってできるのです。

このままでは終わらせない具体例

44

赤字になる仕事を、引き受ける。

45 もらった額以上のプレゼントをする。

儲けを先送りすることが「投資」です。
儲けを先にとることが「回収」です。
ファーストクラスに乗れない人は、回収が好きです。
いつも手に集金袋を持っています。
お金をいつ払ってもらうかということばかり考えているのです。
ファーストクラスに乗る人は、「今日じゃなくていいですよ」と、先送りします。
自分がいつも損した状態です。得した状態を狙わないのです。
たとえば、私はある新しくできた一流ホテルで研修を頼まれました。
けっこうな金額の研修料をもらいました。

私は、もらった研修料の2倍かけて自分の本を買って、それをホテルマン全員にプレゼントしました。

まず、出版社が喜びます。ホテルマンも喜びます。

そこそこの研修料の倍なので、その分だけ私にとってはマイナスです。

でも、いいのです。

これが先送りです。

一流ホテルに入った連中は、10年ではムリでも、20年、30年たつと世界中のホテルに散らばります。

私は、世界中どこへ行ってもホテルは大丈夫という形ができ上がります。

いいギャラをもらって、「(しめしめ) ぜひまたお願いします」ということではないのです。

このままでは終わらせない具体例

45

儲けを、先送りする。

46 短期のデメリットは、長期のメリットになる。

投資とは、短期のメリットを捨てて、長期のメリットをとることです。

短期にも長期にも、メリットとデメリットがあります。

回収を焦る人は、短期のメリットをとろうとしています。

自分の欲望に振りまわされているのです。

性欲と金銭欲は同じです。

「今日、エッチしたい」というのは、自分で自分の欲望をコントロールできていないのです。

それでは、自分がそのものの下にまわっている状況なので、イニシアチブを持つことができません。

大切なのは、いかに長期のメリットをとっていくかです。

究極の長期のメリットは、「死ぬまで回収しないこと」です。

「孫子の代まで」という長い目で回収をすればいいのです。

このままでは
終わらせない具体例

46

回収を、焦らない。

47 「いつか、どこかから、違う形で」必ず返ってくる。

「まだ投資が返ってこないんですけど」と言う人は、投資ができない人です。

「相手から、すぐ、自分の望む形」で返ってくることしか考えていないのです。

「自分が投資している」と思っているものは、投資ではありません。

投資だと気づいていないことが、投資なのです。

私が学生時代に暮らしていた部屋には、本棚が18本あり、本を両面から入れていました。

もう少し本が増えていたら、床が抜けた可能性があります。

2階に住めなかったのは、1階でないと本が置けないと思ったからです。

本棚は壁沿いではなく、部屋の真ん中に置いていました。

当時は、本と映画が投資だとはひとつも思っていませんでした。

振り返ると、「あれが投資だったな」と思います。

それこそが投資なのです。

投資は、「いつか、どこかから、違う形で」必ず返ってきます。

投資ができない人は、「相手から、すぐ、自分の望む形」で返ってくることを期待しています。

「リターンがほとんど返ってこない。どうなってるの？　もう二度と投資なんかするもんか」と言う人がいます。

「1回投資したけど、もうしない」というのは、投資の仕方を間違っています。

その人の学んだことは「もう二度と」です。

投資したことのない人は、1人もいないのです。

「投資したけど返ってこなかったから、もう二度としない」と言っている人が多いのです。

これは、学び方を間違えています。

投資から学ぶということは、「今度はこうしよう」と考え、それを継続していくことです。

正しい投資の仕方をしているか、していないかは、そのあとのやり方でわかります。

「もう二度と」と思う人は、間違った学び方をしています。

「今度はこうしよう」と思う人は、正しい投資の仕方をしています。

そうすると、まだこれからどんどんリターンが返ってくるのです。

焦っている人は、早いリターンを待っています。

ファーストクラスに乗る人は、リターンを待たずに次の投資を始めます。

焦ったり、「返ってこない」とへこむのは、次の投資をしていないからです。

次の投資とは、アクション（行動すること）です。

落ち込みから抜け出す方法は、次の行動に入ることです。

次の行動に入らない人は、ずっと落ち込み続けます。

焦っている時こそ、次の投資を始めればいいのです。

投資をすること自体がメンタルのへこみから抜け出す方法です。

投資をした時点で、メンタルダウンから抜け出すというリターンがあるのです。

このままでは
終わらせない具体例

47

「相手から、すぐ、自分の望む形で」求めない。

48 リターンまでの時間が、長ければ長いほど、リターンは大きい。

投資できない人は、リターンまでの時間を焦っています。

リターンまでの時間が長ければ長いほど、リターンは大きくなります。

野菜の収穫と同じです。育っていないうちに回収したら小さいのです。

投資できない人は、リターンまでが、ほぼ1秒です。

たとえば、「女性にごちそうした」→「はい、ホテル」と言うのです。

これは投資ではなく、交換です。ガマンとガマンを交換しているのです。

ホテルに誘って「今度ね」と言われた時に、「じゃ、今度行こうね」と延ばせる人は好感度が上がります。

それが美人でない人に対してなら、さらに好感度が上がります。

焦っている人は「意味ないじゃん。美人じゃない人にごちそうして、何かいいことがあるの？　それは浪費でしょう」と言うのです。

美人でない人にもごちそうすると、美人の好感度も上がります。

これが投資です。

リターンまでが長いものは、まわりの人は投資とは見ません。

「あの投資はリターンがあった」と言われるのは、期間が短い場合です。

期間が長くなると、間にいろいろ入るので、「投資」という感覚はなくなります。

投資というより、「積善」です。

私の小学校の時の先生のモットーは、「積善の家に、余慶あり」でした。

「余慶」は余った喜びです。

リターンとか見返りではなく、余慶のためにすることが投資なのです。

このままでは
終わらせない具体例

48

リターンまでが長いものに、かける。

49 投資の成果は、無限にある。

投資の成果は、1つではありません。投資ができない人は、「ごちそうしたらホテル」と、投資の成果を1個に限定しているのです。

それが達成できないと、紙くずになった、ぼられた、詐欺《さぎ》に遭ったと考えます。

「でも、おいしかったね」というのは、投資効果です。

「こんな赤貝、初めて食べた。噛み切れなかった。口の中が赤貝だらけになった」という体験は一生残ります。

「オヤジさんが面白かった」「隣の人と話した」

「お店の人に覚えてもらったので、今度から行きやすくなった」

「先付で出たもずくがおいしかった」

「美人ではない女性を連れて行って、評判が上がった」

というのは、すべて効果です。

成果を何にするかは、自分が決めることです。人が決めることはできないのです。

モテない男性は、「ごちそう」イコール「ホテル」という性欲に走ります。

それと同じように、金銭欲に走る人は、

「ごちそうしたら、今度は向こうから何かもっと高いものをごちそうしてくれるはずと思ったけど、お誘いがない。これ、損じゃないですか」

「ごちそうしたのに仕事をくれなかった」と言います。

「この投資のリターンはあったか」と、お金のみを考える人は、無限のリターンに気づこうとしていないのです。

このままでは終わらせない具体例

49 何を投資の成果とするかを、決める。

50 社長の給料は、一番安くていい。

人を雇う時は、自分より高い給料で雇います。

社長だから一番高い給料ではなく、社長が会社の中で一番安い給料にするのです。これが人にお金をかけるということです。

人にお金をかけると言いながら、安月給で使っているところが多いのです。

給料が高いか安いかの見きわめは、自分より高いか安いかです。

社長の給料がどんなに安くても、税務署は文句を言いません。

自分より高い給料で人を雇うことが、人に対しての投資になるのです。

このままでは
終わらせない具体例

50

社員に、かける。

51 投資は、株だけではない。ギャンブルとは、他人に賭けることだ。投資とは、自分に賭けることだ。

「投資」と言うと、株をイメージする人がいます。
株だけが投資ではありません。
そもそもギャンブルと自己投資とは違います。
ギャンブルは、人や馬、よその会社に賭けることです。
これらは、自分がどんなに頑張っても影響力がないものです。
宝くじも、自分の努力が反映しないものの1つです。
自己投資は、自分に賭けることです。
これは、自分の努力が反映します。

投資は、消費とも違います。

消費は、努力関係なしに手に入るものです。

たとえば、10万円を持ってバッグを買いに行きました。

どんなにおべんちゃらを言っても、お店で買えるのは10万円のバッグまでです。

10万円の自己投資をすると、自分の頑張り次第で収入が増え、50万円のバッグを手に入れることもできます。

消費をするだけでは、自分は何も生まれ変わりません。

頑張れば自分が成長し、生まれ変われるのが投資なのです。

このままでは終わらせない具体例

51

自分に賭ける。

第7章

お金をかけたからこそ、得られるチャンスがある。

52

水も勉強も、タダではない。

水は、タダの時代から、有料の時代に変わりました。

勉強もタダと思っている人がいるのです。

中には、英語の勉強代を出してくれる会社もあります。

今、世の中は「学校を無料にしろ」という方向に向かっています。

教育に力を入れることは悪いことではありません。

ただ、無料化が進んでいくと、「勉強はタダ」と勘違いする人が増える可能性があります。

「勉強はタダでしょう」と思う人は、お金を払って勉強に行くという感覚がなくなります。

本当に大切なことは、お金を払わないと教われないのです。

『ザ・ウォーク』という綱渡りの映画は、実話をもとにした話です。

主人公のフランス人の男が、綱渡りの師匠であるサーカスの団長パパ・ルディに「コツを教えてくれ」と頼みます。

団長は、「1回教えるごとにカネを払え」と言います。

これは、知恵を教わることの本質をついています。

日本人の場合は、「イヤらしいヤツだな。そんなヤツに習うな」と言いがちです。

でも、それがホンモノの勉強です。

団長はそのお金を全部とっておいて、最後に主人公がワールドトレードセンターを渡る時に、「これも使え」とまるごと返すのです。

多くの人が、人に何かを習ったり、勉強することにお金をかけるという感覚が希薄です。

習う時にお金を要求されると、「あの人は、イヤらしい」と文句を言う人がいます。

それなのに、「自分は講師になりたいんです」と言ったりします。

この考え方は矛盾《むじゅん》しています。

社会人になると、自分が投資してきたもので稼げるようになります。

私が本で食べていける人生になったのは、学生時代に本代に投資したからなのです。

このままでは終わらせない具体例

52

タダと思われているものに、かける。

53 姿勢をつくるには、お金と労力がかかる。

姿勢をつくるには、お金と労力と時間がかかります。

崩れた姿勢は、時間と労力をかけて今の形に崩してきたのです。

姿勢で一番怖いのは、崩れていることに気づかないことです。

「この人の話を聞こう」と思うのは、話し手の姿勢がいいからです。

私が研修に行った企業のアンケートの感想を見ると、「声がいい」「姿勢がいい」「肌のツヤがいい」と書かれていました。

リーダーシップの研修に行ったのです。

リーダーシップのいい話をしているのに、ほとんどが私の話の中身に関してではなく、声・姿勢・肌のツヤについての感想です。

これこそリーダーシップです。

私が見てほしいと思うことが伝わっている証拠です。

以前、櫻井秀勲さんと対談した時、「どうしたらモテるようになるんですか」と聞く人がいました。

すると、「何を言っているんだ、君は。一番前に座っていながら。中谷さんの姿勢を見なさい」と、櫻井さんが喝破《かっぱ》しました。

これが櫻井さんのすごさです。

質問した人は、「どんなセリフを言ったらいいんですか」「プレゼントは何をすればいいんでしょうか」という意味でのアドバイスを求めていたのです。

ダンスの世界では、「1歩」に1000万円かかると言います。

1000万円をかけて、ダンスの「1歩」を手に入れるのです。

立つ・歩く・座る、この3つの姿勢にどれだけお金をかけられるかです。

実際、その人のオーラ・印象・好感度は、立つ・歩くの姿勢ですべて決まります。

どんなに美人でも、「歩き方がオバチャンみたい」「オバチャンが来た」と言われる人がいます。

これは、美容整形では直りません。

バレリーナの中には、2歳からトレーニングしている人もいます。

子どもの時からずっと、どうしたらきれいに立てるか、どうしたらきれいに歩けるかという地獄の特訓をして、極めているのです。

誰もができることに、どれだけお金をかけられるかが勝負です。

「私、立てます」「私、座れます。だから、いいです」と言って、お金をかけない人がいます。

できないことではなく、できていることをさらによくするためにお金をかけることが投資なのです。

このままでは
終わらせない具体例

53

姿勢代に、かける。

54

お金を使わないと、投資の仕方は学べない。

「お金を使わないで勉強したいんですけど」というのは、ムリです。

水泳はプールで泳がないと覚えられないのと同じように、投資の仕方はお金を使って覚えていくものです。

毎日のお昼ごはんで、生姜焼きにするのか塩ジャケにするのか選ぶところから投資は始まっているのです。

冷ややっこをつけるかつけないかというのも、投資の考え方です。

日々のお金の使い方で投資の意識を持つと、すべてが勉強になります。

日々から切り離して、書物や頭の中だけで投資の勉強をしようと思ってもできません。

「お金は使いたくない。でも、投資の勉強をして損はしたくない」と言う人が、一番損をするのです。

このままでは
終わらせない具体例

54

投資の仕方を、お金を使って学ぶ。

55 お金がないころに投資しない人は、お金ができても投資しない。

「あなたも投資したら？」と言われて、

「今、お金に余裕がないので投資できないんです」

「イヤホンも買えません。それぐらいカツカツなんです」

と言う人は、お金ができても投資しません。

投資できる人は、お金がないころからかけています。

私は、大学時代から投資しています。

大学時代、私の部屋には1メートル80センチのスチールラックの本棚が18本ありました。

8畳と6畳の部屋です。

「開架式《かいか》図書館」と呼んでいました。

通常、本棚は壁沿いに並べます。

私は図書館状に並べて、本棚と本棚の間に板を置いて机がわりにして、その間で寝ていました。

父親が来た時、「おまえ、どこで寝ているんだ？」と不思議に思われました。

窓も全部ふさがっています。

部屋を横断して本棚が立っているのです。

本棚が倒れないように、横に板を渡して、そこにも本を置いていました。

地震が来たら大変な状況です。

1回酔っ払って帰った時に、ぶつかって本が全部落ちたことがあります。

大量の本が散乱して、そのスキ間に入って片づけるのに苦労しました。

それはまだ自分で稼いでいない、仕送りで食べていたころの話です。

お金がない時に投資できるかできないかの、分かれ目があるのです。

実家に帰ると、父親は玄関で「おかえり」と言いながら私の靴をチェックします。

いい靴を履いていないと、「ちゃんとしろ」と言われます。

靴を見て、息子のメンタルの状況を判断します。

「ちゃんとした靴を履いていない時はメンタルが崩れている」と、子どもの管理をしているのです。

このままでは終わらせない具体例

55

お金がないころから、かける。

56 どんなに稼いでも、投資をしなければ、ジリ貧になる。

自分は、お金持ちではなく、普通の庶民だしという人も、投資の仕方を覚えておく必要があります。

投資の勉強は、一朝一夕で覚えられるものではないので時間がかかります。

スマホの使い方を覚えるようなレベルではありません。

自分で体に身につけていくものです。

子どもに投資の仕方を教えるのは、親です。

稼ぎ方と投資の仕方は、まったく別のレベルの話です。

稼ぐためには、汗を流せばいいのです。

投資は、冷や汗が流れます。

汗と冷や汗とは違います。
何も考えないで働くだけでも汗は出ます。
何か失敗したり、チャレンジしたり、恥をかかないと、冷や汗は流れません。
投資の仕方は、冷や汗を流して覚えることが大切なのです。

このままでは終わらせない具体例 56

投資の仕方を、学ぼう。

57 待っている間に、出会いのチャンスを逃がす。

デフレの時代は、モノの値段がどんどん下がります。
デフレの時代は、もう少し待ってから買ったほうが安くなります。
人間の一生の中での大きな買い物は、2番が車、1番が住居です。
家は金額が大きいので、ついもう少し待ちたくなります。
デフレでモノの値段は100年下がり続けるので、結局、永遠に買わないのです。
私が表参道のマンションを買ったのは、32歳の時でした。
バブルの下り坂で、バブルの頂点から4億円下がっていました。
「あと1年待ったら、もう1億は下がります」と言われました。
それでも、私は買いました。

迷いはまったくありません。これが投資です。

買ったら値段が上がることが投資だと思っている人が多いのです。

私はこの時、時間を買ったのです。

1年間待っている間に、自分の中で、引越したら起こったであろう出来事が起こらないのです。

この比較はできません。両方を体験できないからです。

値下がりまで待っていると、状況が変わってしまいます。

住居は投資です。私がマンションを買った1年後に、マンション価格は1億円下がりました。けれども、まったく後悔はしていません。

その1年の間に、いろいろなすばらしい出会いがあったからです。

このままでは
終わらせない具体例
57
待ち時間を、買おう。

58 余裕ができたころに、したいとは限らない。したい時にするのが、投資だ。

「余裕ができてから投資をしたい」と言う人がいます。

「いつかは海外旅行で○○に行ってみたい」と思っていても、いざ余裕ができた時に行きたいと思うかどうかわかりません。

そのころは行きたくなくなっている可能性があります。

「定年になったらタヒチに行きたい」と言っていた人でも、実際に定年になると「もうしんどいな」と思ったりするのです。

今しかできないことをするのが投資です。

明日、それをしたいとは限らないのです。

したいことは、時間の経過とともにどんどん減っていきます。

たとえば、「定年になったら旅行をしたい」と言っていた人が、定年後に念願の旅行に行きました。

そこで「行きたいと思った時に来ていたら、今の人生が変わっていたのにな」と考えました。

今しかできないことをしていると、そのあとの人生が変わるのです。

このままでは終わらせない具体例 58

今しかできないことに、かける。

59 チャンスを逃がす損失は、失敗する損失より、大きい。

「失敗して損したらどうしてくれるんですか。中谷さんのせいですよ。責任とってくれるんですか」と言う人がいます。

損失には、

① 失敗する損失
② チャンスを逃がす損失

の2つがあります。

「チャンスを逃がす損失」は、「失敗する損失」よりはるかに大きいです。

好きな人に出会って、その人の前で失敗したというのは、①の「失敗する損失」です。

好きな人に出会えるチャンスを失ったというのは、「チャンスを逃がす損失」です。
好きな人の前でまだ何もしていません。会ってもいないのです。
失敗した損失は、目に見えています。
チャンスを逃がした損失は、見えません。
「今日チャンスを失ったこと」は書き出せないのです。
「今、チャンスとすれ違った」ということに本人は気づいていないからです。
チャンスを逃がす損失より、失敗する損失を選ぶのが投資です。
失敗した損失は取り返せます。
ところが、チャンスを逃がした損失は取り返せません。
そもそもチャンスに気づいていないので、取り返そうとも思わないのです。

このままでは
終わらせない具体例

59

チャンスに、かける。

60 失敗することで、平凡から抜け出せる。

「失敗したらどうするんですか」と言う人がいます。

この考え方は間違っています。

失敗はみずからしに行くものです。

投資する人は、失敗代にかけるのです。

よく「個性を身につけたいんですけど、どうしたらいいですか」と質問する人がいます。

個性とは、その人がおかした失敗の数から生まれます。

成功に差はありません。

「こういう失敗をした」という経験が、その人の味わいになるのです。

1人1人がみんな独自の失敗をしています。

お金を出してトライすると、時にはヘンな失敗が生まれます。

たとえば、高級な料亭は家のような造りになっています。

ふすまをあけたら、知らない人たちの部屋に入ってしまったというのは、高級な料亭に行ったからです。

やり方を間違えたり、知らないことでしくじりをおかすという失敗は、その人の個性になります。

失敗するのにもお金がいるのです。

お金をかけなければ、失敗もできないのです。

このままでは終わらせない具体例

60

失敗代に、かける。

61 明日にかけないと、レベルダウンしていく。

今日のために使うのが「消費」、明日のために使うのが「投資」です。
明日にかけてもかけなくても、今日は変わりません。
ただし、明日にかけていないと、明日が下がります。
今日は、今日かけている分と、昨日から今日にかけてきた分の合計です。
常に明日の自分にかけていきます。
投資のむずかしいところは、しなくても今日の不具合がないことです。
むしろ、投資することで今日の不具合が発生します。
今日のお金が減る可能性があります。
本を読んでも、今日は何も変わりません。本には今日のことなど書いていません。

あなたが寝る前に読んだ本に「人は靴で判断されている」と書いてあったとします。
ここで「しまった。今日やってしまった」と思います。
たった1日の差です。ひょっとしたら、数時間の差です。
大切な人に会う前に読んだか、あとで読んだかです。
中谷塾でも、「先生、もう1週間早く言ってほしかった」と言われます。
それは自分が1週間早く来ればいいだけです。
「間に合わないじゃないですか」と言いますが、次に間に合えばいいのです。
投資は今のためにすることではありません。
明日のために何かをすることです。
明日にかけることで、可能性を伸ばし、レベルアップしていくのです。

このままでは終わらせない具体例

61 明日に、かける。

62 1つずつしていたのでは、死ぬまでに間に合わない。

「10種類の夢があるのですが、どれから始めればいいですか」と聞く人がいます。

1つ試《ため》して「ダメだった。じゃあ、次」→「またダメだった。じゃあ、次」……と順番に実行していると、死ぬまでに間に合いません。

それよりは、一気に10個すると、うまくいかない結果が早く出ます。

たとえば、ラーメン屋さんを始めようと思うなら、ラーメン激戦区に店を出すことです。

そうすると、結果が早く出ます。

ラーメン激戦区では、売れるか売れないかが最初にはっきり決まります。

売れないお店は、まったく売れません。

ところが、まわりにラーメン屋さんがないところで開店すると、結果が出るまでに時間がかかります。

その間、固定費はどんどん出ていきます。

「ダメだったね」とわかったころには、たくさん出費しているのです。

勝ち負けがはっきりわかるところへ早く行くことです。

「ラーメン屋さんがいいですかね。お好み焼屋さんがいいんでしょうかね。やっぱりフレンチですかね。イタリアンですかね」と迷った時は、全部試してみます。

どうせうまくいかないなら、「10個ともうまくいかない」と早くわかったほうがいいです。

死ぬ間際に、「10個目の夢もうまくいきませんでした」という連絡が来ても遅いのです。

投資で大切なことは、うまくいかないという結果が早くわかることです。

私は、「就職するので、紹介状を書いてください」と言われると、「紹介状はみんな出しているから一緒だと思うよ」と言います。

紹介状のメリットは、「落ちてたよ」という連絡が早く来ることです。落ちたことに気づかないと、ヘンな期待をして、次の行動が出遅れます。

投資のコツは、落ちたことに早く気づくことです。

10種類の企画を出しても、どれが当たるかは、結局試してみなければわかりません。

そういう時は、最初から10個まとめてボンとやってしまえばいいのです。

このままでは終わらせない具体例

62 1つずつ試すより、10種まとめて試す。

63

おわりに

投資とは、未来にタイムスリップすることだ。

投資とは、未来をここに持ってくること、未来に自分が行くことです。

誰しもドラえもんの秘密道具は欲しがるのに、投資をしないのはおかしいのです。

未来へ飛ぶためのタイムスリップ代が投資です。

ダンスができる自分の未来へ飛びたいから、ダンスのレッスン料を払うのです。

「勉強して、こんな人になりたいから」

「本を読んで、こんな人になりたいから」

それにかかる費用が投資です。

未来の自分へ今の自分を持っていくためのものです。

そうしないと、現状維持でとどまります。

さらに、年をとった分だけ劣化した未来がやってくるのです。
今を買うのが、消費です。
未来を買うのが、投資なのです。

このままでは
終わらせない具体例

63

時間を、買う。

『人は誰でも講師になれる』
　（日本経済新聞出版社）
『会社で自由に生きる法』
　（日本経済新聞出版社）
『全力で、1ミリ進もう。』**（文芸社文庫）**
『「気がきくね」と言われる人のシンプルな
　法則』**（総合法令出版）**
『なぜあの人は強いのか』**（講談社＋α文庫）**
『3分で幸せになる「小さな魔法」』
　（マキノ出版）
『大人になってからもう一度受けたい
　コミュニケーションの授業』
　（アクセス・パブリッシング）
『運とチャンスは「アウェイ」にある』
　（ファーストプレス）
『大人の教科書』**（きこ書房）**
『モテるオヤジの作法2』**（ぜんにち出版）**
『かわいげのある女』**（ぜんにち出版）**
『壁に当たるのは気モチイイ
　人生もエッチも』**（サンクチュアリ出版）**
『ハートフルセックス』［新書］
　（KKロングセラーズ）
書画集『会う人みんな神さま』**（DHC）**
ポストカード『会う人みんな神さま』
（DHC）

［面接の達人］**（ダイヤモンド社）**

『面接の達人　バイブル版』

『受験生すぐにできる50のこと』
『高校受験すぐにできる40のこと』
『ほんのささいなことに、恋の幸せがある。』
『高校時代にしておく50のこと』
『中学時代にしておく50のこと』

【PHP文庫】
『もう一度会いたくなる人の話し方』
『お金持ちは、お札の向きがそろっている。』
『たった3分で愛される人になる』
『自分で考える人が成功する』
『大学時代しなければならない50のこと』

【だいわ文庫】
『「つらいな」と思ったとき読む本』
『27歳からのいい女養成講座』
『なぜか「HAPPY」な女性の習慣』
『なぜか「美人」に見える女性の習慣』
『いい女の教科書』
『いい女恋愛塾』
『やさしいだけの男と、別れよう。』
『「女を楽しませる」ことが男の最高の仕事。』
『いい女練習帳』
『男は女で修行する。』

【学研プラス】
『嫌いな自分は、捨てなくていい。』
『美人力』

【阪急コミュニケーションズ】
『いい男をつかまえる恋愛会話力』
『サクセス＆ハッピーになる50の方法』

【あさ出版】
『「いつまでもクヨクヨしたくない」とき読む本』
『「イライラしてるな」と思ったとき読む本』

【きずな出版】
『いい女は「紳士」とつきあう。』
『いい女は「言いなりになりたい男」とつきあう。』
『いい女は「変身させてくれる男」とつきあう。』
『ファーストクラスに乗る人の発想』
『ファーストクラスに乗る人の人間関係』
『ファーストクラスに乗る人の人脈』
『ファーストクラスに乗る人のお金2』
『ファーストクラスに乗る人の仕事』
『ファーストクラスに乗る人の教育』
『ファーストクラスに乗る人の勉強』
『ファーストクラスに乗る人のお金』
『ファーストクラスに乗る人のノート』
『ギリギリセーーフ』

【ぱる出版】
『一流のウソは、人を幸せにする。』
『セクシーな男、男前な女。』
『運のある人、運のない人』
『器の大きい人、小さい人』
『品のある人、品のない人』

【リベラル社】
『一流の話し方』
『一流のお金の生み出し方』
『一流の思考の作り方』
『一流の時間の使い方』

【秀和システム】
『一流の人は、〇〇しない。』
『ホテルで朝食を食べる人は、うまくいく。』
『なぜいい女は「大人の男」とつきあうのか。』
『服を変えると、人生が変わる。』

【水王舎】
『「人脈」を「お金」にかえる勉強』
『「学び」を「お金」にかえる勉強』

『一流の人のさりげない気づかい』
（KKベストセラーズ）
『なぜあの人は40代からモテるのか』
（主婦の友社）
『輝く女性に贈る　中谷彰宏の運がよくなる言葉』**（主婦の友社）**
『名前を聞く前に、キスをしよう。』
（ミライカナイブックス）
『ほめた自分がハッピーになる「止まらなくなる、ほめ力」』**（パブラボ）**
『なぜかモテる人がしている42のこと』
（イースト・プレス　文庫ぎんが堂）
『一流の人が言わない50のこと』
（日本実業出版社）
『輝く女性に贈る　中谷彰宏の魔法の言葉』
（主婦の友社）
『「ひと言」力。』**（パブラボ）**
『一流の男　一流の風格』**（日本実業出版社）**
『変える力。』**（世界文化社）**
『なぜあの人は感情の整理がうまいのか』
（中経出版）

【オータパブリケイションズ】
『せつないサービスを、胸きゅんサービスに変える』
『レストラン王になろう2』
『改革王になろう』
『サービス王になろう2』
『サービス刑事』

【あさ出版】
『気まずくならない雑談力』
『人を動かす伝え方』
『なぜあの人は会話がつづくのか』

【学研プラス】
『迷わない人は、うまくいく。』
文庫『すぐやる人は、うまくいく。』
『シンプルな人は、うまくいく。』
『見た目を磨く人は、うまくいく。』
『決断できる人は、うまくいく。』
『会話力のある人は、うまくいく。』
『片づけられる人は、うまくいく。』
『怒らない人は、うまくいく。』
『ブレない人は、うまくいく。』
『かわいがられる人は、うまくいく。』
『すぐやる人は、うまくいく。』

『一流のナンバー2』**(毎日新聞出版社)**
『リーダーの技術』**(リベラル社)**
『なぜ、あの人は「本番」に強いのか』**(ぱる出版)**
『「お金持ち」の時間術』**(二見書房・二見レインボー文庫)**
『仕事は、最高に楽しい。』**(第三文明社)**
『「反射力」早く失敗してうまくいく人の習慣』**(日本経済新聞出版社)**
『伝説のホストに学ぶ82の成功法則』**(総合法令出版)**
『リーダーの条件』**(ぜんにち出版)**
『成功する人の一見、運に見える小さな工夫』**(ゴマブックス)**
『転職先はわたしの会社』**(サンクチュアリ出版)**
『あと「ひとこと」の英会話』**(DHC)**

[恋愛論・人生論]

【ダイヤモンド社】
『なぜあの人は感情的にならないのか』
『なぜあの人は逆境に強いのか』
『25歳までにしなければならない59のこと』
『大人のマナー』
『あなたが「あなた」を超えるとき』
『中谷彰宏金言集』
『「キレない力」を作る50の方法』
『お金は、後からついてくる。』
『中谷彰宏名言集』
『30代で出会わなければならない50人』
『20代で出会わなければならない50人』
『あせらず、止まらず、退かず。』
『明日がワクワクする50の方法』
『なぜあの人は10歳若く見えるのか』
『成功体質になる50の方法』
『運のいい人に好かれる50の方法』
『本番力を高める57の方法』
『運が開ける勉強法』
『ラスト3分に強くなる50の方法』
『答えは、自分の中にある。』
『思い出した夢は、実現する。』
『習い事で生まれ変わる42の方法』
『面白くなければカッコよくない』
『たった一言で生まれ変わる』
『スピード自己実現』
『スピード開運術』
『20代自分らしく生きる45の方法』
『受験の達人2000』
『お金は使えば使うほど増える』
『大人になる前にしなければならない50のこと』
『会社で教えてくれない50のこと』
『大学時代しなければならない50のこと』
『あなたに起こることはすべて正しい』

【PHP研究所】
『メンタルが強くなる60のルーティン』
『なぜランチタイムに本を読む人は、成功するのか。』
『なぜあの人は余裕があるのか。』
『中学時代にガンバれる40の言葉』
『叱られる勇気』
『中学時代がハッピーになる30のこと』
『頑張ってもうまくいかなかった夜に読む本』
『14歳からの人生哲学』

中谷彰宏　主な作品一覧

［ビジネス］

【ダイヤモンド社】

『50代でしなければならない55のこと』
『なぜあの人の話は楽しいのか』
『なぜあの人はすぐやるのか』
『なぜあの人の話に納得してしまうのか[新版]』
『なぜあの人は勉強が続くのか』
『なぜあの人は仕事ができるのか』
『なぜあの人は整理がうまいのか』
『なぜあの人はいつもやる気があるのか』
『なぜあのリーダーに人はついていくのか』
『なぜあの人は人前で話すのがうまいのか』
『プラス1％の企画力』
『こんな上司に叱られたい。』
『フォローの達人』
『女性に尊敬されるリーダーが、成功する。』
『就活時代しなければならない50のこと』
『お客様を育てるサービス』
『あの人の下なら、「やる気」が出る。』
『なくてはならない人になる』
『人のために何ができるか』
『キャパのある人が、成功する。』
『時間をプレゼントする人が、成功する。』
『ターニングポイントに立つ君に』
『空気を読める人が、成功する。』
『整理力を高める50の方法』
『迷いを断ち切る50の方法』
『初対面で好かれる60の話し方』
『運が開ける接客術』
『バランス力のある人が、成功する。』
『逆転力を高める50の方法』
『最初の3年その他大勢から抜け出す
　50の方法』
『ドタン場に強くなる50の方法』
『アイデアが止まらなくなる50の方法』
『メンタル力で逆転する50の方法』
『自分力を高めるヒント』
『なぜあの人はストレスに強いのか』
『スピード問題解決』
『スピード危機管理』
『一流の勉強術』
『スピード意識改革』
『お客様のファンになろう』
『大人のスピード時間術』
『なぜあの人は問題解決がうまいのか』
『しびれるサービス』
『大人のスピード説得術』
『お客様に学ぶサービス勉強法』
『大人のスピード仕事術』
『スピード人脈術』
『スピードサービス』
『スピード成功の方程式』
『スピードリーダーシップ』
『大人のスピード勉強法』
『一日に24時間もあるじゃないか』
『出会いにひとつのムダもない』
『お客様がお客様を連れて来る』
『お客様にしなければならない50のこと』
『30代でしなければならない50のこと』
『20代でしなければならない50のこと』
『なぜあの人の話に納得してしまうのか』
『なぜあの人は気がきくのか』
『なぜあの人はお客さんに好かれるのか』
『なぜあの人は時間を創り出せるのか』
『なぜあの人は運が強いのか』
『なぜあの人にまた会いたくなるのか』
『なぜあの人はプレッシャーに強いのか』

【ファーストプレス】

『「超一流」の会話術』
『「超一流」の分析力』
『「超一流」の構想術』
『「超一流」の整理術』
『「超一流」の時間術』
『「超一流」の行動術』
『「超一流」の勉強法』
『「超一流」の仕事術』

【PHP研究所】

『[図解]お金も幸せも手に入れる本』
『もう一度会いたくなる人の聞く力』
『もう一度会いたくなる人の話し方』
『[図解]仕事ができる人の時間の使い方』
『仕事の極め方』
『[図解]「できる人」のスピード整理術』
『[図解]「できる人」の時間活用ノート』

【PHP文庫】

『中谷彰宏　仕事を熱くする言葉』
『入社3年目までに勝負がつく77の法則』

著者紹介

中谷彰宏（なかたに・あきひろ）

1959年、大阪府生まれ。早稲田大学第一文学部演劇科卒業。84年、博報堂に入社。CMプランナーとして、テレビ、ラジオCMの企画、演出をする。91年、独立し、株式会社中谷彰宏事務所を設立。ビジネス書から恋愛エッセイ、小説まで、多岐にわたるジャンルで、数多くのロングセラー、ベストセラーを送り出す。「中谷塾」を主宰し、全国で講演・ワークショップ活動を行っている。

■公式サイト　http://www.an-web.com/

本の感想など、どんなことでも、
あなたからのお手紙をお待ちしています。
僕は、本気で読みます。　　中谷彰宏

〒162-0816　東京都新宿区白銀町1-13
きずな出版気付　中谷彰宏行
※食品、現金、切手などの同封は、ご遠慮ください（編集部）

中谷彰宏は、盲導犬育成事業に賛同し、この本の印税の一部を（財）日本盲導犬協会に寄付しています。

ファーストクラスに乗る人の自己投資
――このままでは終わらせない63の具体例

2016年12月25日　第1刷発行

著　者　　中谷彰宏

発行者　　櫻井秀勲
発行所　　きずな出版
東京都新宿区白銀町1-13　〒162-0816
電話03-3260-0391　振替00160-2-633551
http://www.kizuna-pub.jp/

装　幀　　福田和雄（FUKUDA DESIGN）
編集協力　ウーマンウエーブ
印刷・製本　モリモト印刷

ISBN978-4-907072-85-8

きずな出版

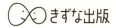